JN116784

ちょっとしたポイントで心地よいコミュニケーション

専門家から学ぶ
コミュニケーション力

吉弘淳一【編著】

晃洋書房

はじめに

私たちは、何らかの広い意味合いでの所属を持ちながら生活をしています。この所属をたとえば職業に置き換えたとしたら、そこに、専門性という言葉が当てはまってくることが多いと感じています。今回、この著書では、その専門性の中でも特に「コミュニケーション」という視点に着目し、より良い人間関係を築くためのコミュニケーション力の育む方法として出版に至りました。

コミュニケーションの使い方といった技法も重要ですが、まず、コミュニケーションの捉え方について再度、見直すことにより、コミュニケーションの幅の広がりといった様相に着目した内容となっています。何気なく使っているコミュニケーションをもう一度見直す良い機会になればと感じています（特に親子関係のコミュニケーションについても……）。

子どものより良い成長を願っている親御さんに1つ質問します。小学校に入った自分の子どもに何を求めますか？何をポイントに子どもとコミュニケーションをとりますか？　またそれはなぜでしょうか？

1つの答えとしては「**親が子どもに失敗させる勇気をもつことです**」。これは、無理に親が子どもに失敗を促すことではありません。説明しますと、今の子どもたちの発達上の傾向としては、反抗期がない、または反抗期が水面下においてずっと長年にわたり、引きずっているように感じています。私は、スクールカウンセラーを通して、日々親の気持ちに寄り添いながら子どものもつ潜在的な力を親と一緒に引き出し、強め、自己肯定感を高めるように接しています。親は子どものより良い成長を願うあまりに時折、空回りしていることに気づかず、逆に、子どもの成長力を無意識に止めてしまうことがあります。以下の例を一緒に考えていきましょう。

「あなたは小学校3年生の子どもをもつ親です。ある日、子どもが泣きべそをかきながら家に帰ってきました。あなたはその表情を見て、目の前にいる子どもに「何かあったの、どうしたの」と声をかけました。子どもは「今日、音楽の時間にもっていかないといけなかった笛を忘れて叱られた」と言いました。あなたはその時に以下のどの番号に近い返事をしますか?

①ごめん、ごめんね、お母さんがダメだったね……。
②そっか、お母さん今度は、時間割を見て確認するね。
③もう、ちゃんと確認するようにいつもお母さん言ってるでしょう……。
④そっか、つらかったね、今度は忘れ物のないように、お母さんと一緒に考えようね。

ポイントは子ども自身が先生から叱られた体験から、自分自身で起き上がろうとする力の獲得です。つまり、自己責任を取り、そこから自己反省の中で考え解決策を自分の心から気持ちを言葉に変えて相手に伝えること。また、子どもが学校で先生に叱られて帰ってくることを子どもの成長力をはぐくむ一つの大きなチャンスとして親が見通すこと。そのためには、子どもが叱られて帰ってくることの勇気を親がしっかりともつことです。それによって子どもの成長力は倍になり、自己肯定感が高まり自信となって返ってきます。親にとっても怒ったり、叱ったりすることは非常にエネルギーを消費させることにつながり、そのあとの呟きとして「あの時、言わなかったらよかった……」の後悔、また、夕飯の支度等々にかかわる家事へのエネルギーが残っていなく、「どうしてあの子は親の気持ちをわからないの。こんなに子どものことを考えて……」「毎日毎日、子どもの為にがんばっているのに……」と返って親の側の言動を正当化してしまったりすることが考えられます。叱ったりすることはまだよいのですが、怒ってしまうと、感情の一方通行になってしまい、子どもは明日からのエネルギーも親に吸い取られ、ついには自室から出てこない、布団をずっとかぶってしまうことにつながってしまうことが危惧されます。親は、その見通しをつけることができず、コミュニケーションの迷路の中に入って子どもも親も堂々巡りになってしまいます。

叱ることは、子どもの立場に立って子ども自身の納得への道筋になっていることが多いのですが、怒ってしまうことは親の立場に立ってしまい、子どもへの正当性の説得に陥ってしまうことが多いです。それによって、余計に子どもの反発を誘発し、親との距離が徐々に離れ、何を聞いても「普通」しか返事が無くなってしまいます。叱るときも時折、子どもの状況に即応させながら、余りの怒ることの必要性は、日常生活の中では必要ありません。今、子どもを目の前にして必要なのは「今の失敗を教訓として捉えて、これから、同じ失敗をしないこと。させないこと」。しかし、人は同じ失敗をしてしまいます。なぜか……それは人間だからです。人間の良い機能を考えた時、あなたは何と答えになりますか？　一番は「忘れる」という機能でしょうか？　忘れてはいけないことをも忘れて忘却の彼方に……にならないようにしなければ成長力は見込めません。よい思い出は、心の中に、または写真で、ビデオに残す等々。この事例においては、どちらかといえば子どもは、叱られた嫌なことを忘れたいという気持ちが強くなり、**「強制的に臭いものには蓋をしてしまう」**ことになり、同じ失敗を繰り返してしまいます。その時の親の子どもへの言葉で多いのは、「お母さんあなたに前も同じことを言ったでしょう、覚えてないの……」はい、子どもは完ぺきに忘れています。ではどうすれば良いのでしょうか？　その時にどのようにしてその嫌なことを乗り越えたのかということの要点を紙に書いていつも何気なく見る工夫をすること。

たとえば○○君の家訓として①忘れ物のないように、前日寝る前に時間割表を確認してから寝る。②忘れ物のないようにお母さんと一緒に確認する。③朝起きた時に時間割を確かめる……等々。それをきれいな色の厚紙に書いて、テレビの上に○○君の家訓として貼っておく。何気なく見ることの意識が強化されて忘れ物の減少につながっていくことを期待します。ポイントは**「何気なく見る」**ことですね。人間は失敗から多くのことを学んで生活に生かしてきた歴史があります。失敗しながら何らかの解決策を自ら見出すことができるのが人間です。この考える力が、工夫する力に変化を与えました、キレない子どもに成長させていきます。親が解決策を引っ張り出すのではなく、親と子どもが一緒に考えをひねり出すこと。また、親と子どもが一緒に向き合うことのコミュニケーションです。重要性ですね。

また、あなたは「専門性」という言葉を聞いてどのようにお答えになりますか？

いろいろな職業の専門性というと、「知識」の深さ「技術」の使用「価値」からの判断「倫理観」からの……という言葉がよく聞かれるのではないでしょうか。それらは当然、専門という言葉の根幹を担っている重要な構成要素になっています。では、違う質問をしてみます。あなたは保育士さんです。ある日、自分の担当している子どもの親御さんから「先生、最近ずーっと、天井を見るとゴキブリの大きくなったものが天井いっぱいに蝙蝠のようにぶら下がっていて、こちらをギラギラした目で見ながら襲い掛かろうとしているのです……、また、ヘリコプターが家の上を飛んでいて、私の家を爆破しようと操縦士さんがこちらを見ているんです……」等を言われたときに何と返事をしますか？

①あるある、お母さん私も時折、ゴキブリでなくカマキリ……。

②う〜ん、そうなのですね……ちょっとお仕事で疲れているのかな……。

③私は保育士なのでお母さんの今、おっしゃったことがどのような意味をもつものなのかがよくわかりません。聞くことしかできないのですが……。

④そうなのですね、私は子ども福祉の専門家なので、お母さんが私に伝えられた内容は心理臨床の専門性を有した方に聞いていただいたほうが適格だと感じていますので、ご紹介することはできますが……。

あなたは、何番を選びますか？　つまりは、職業の専門性には一定の枠組みがあるということを理解してコミュニケーションをとることが大切になります。自分の専門領域を越えた質問の返事次第によっては、相手があなたに依存してくる可能性もあり心配になります。

つまり、質問に対する返事は一般の友だちレベルでの受け答えなのか、それとも専門職者として自分の専門分野以内に収まる質問なのかの判断（自己一致）によって、その後の対応が変わってくることになります。

その質問にもしあなたが専門職者として返事をするなら、その質問に適応する専門的知識・技術・価値・倫理観を有した方をコーディネートすることが、専門性ということにつながっていきます。私は、専門性とは、自分の専門分野領域の限界をしっかりと把握することが専門性ということになると考えています。それだからこそ、常に自己一致をしていく必要があります。この本では職業別の専門性を生かした人とのかかわりの中で私は専門家なのでこのように答える、専門家でないのでこのように答えるというように、明確にその答えを皆さんと一緒に見つけ出していければと考えています。ここでのより良い返事は、4番がいいと思いますが……。またこの本では、特に福井にゆかりの深いコミュニケーターの方々に、コミュニケーションをとる際のポイントも併せて執筆していただきました。日ごろのあなたの何気ないコミュニケーションをさらにブラッシュアップして心地よいコミュニケーションになればと思っております。

この本を執筆するにあたり、イラストを作成していただいた木洩れ日のゆかゆか氏、編集等々でお世話になりました株式会社晃洋書房　丸井清泰氏、またそれぞれのコミュニケーターの視点で大変お忙しい中、執筆していただいた方々にこの本の最初、はじめに厚くお礼申し上げます。

また、出版するにあたり、福井県立大学個人研究推進支援、出版助成交付をいただいたことに感謝申し上げます。

2022年3月

吉弘淳一

目　次

はじめに

▼第Ⅰ部　理論編

第1章　コミュニケーション力とは……3
1　見通す力・思い込まない力・見据える力の育成　(3)
2　「さりげない」やさしさの意味と3つのコミュニケーション　(10)
3　価値観の変容について　(15)

第2章　ノンバーバルコミュニケーション……18
●シグナルの認識　(19)
●印象と固定観念　(19)

第3章　より良いコミュニケーションをとるための発声などの方法……32
はじめに　(32)
1　「印象がよい声」になるための「正しい呼吸」　(33)

2 「印象がよい声」になるための「正しい発声」 (35)
3 「印象のよい話し方」について (39)
おわりに (41)

第4章 カウンセリングの場面より、さまざまなQ＆Aについて……42
——親との子どもとの良いコミュニケーションの取り方——
1 親子のコミュニケーションに悩む親たち (42)
2 カウンセリングの現場から——よくある質問事例とその対応—— (44)
3 良いコミュニケーションの取り方とは？ (51)

第5章 ケースワークとしてのコミュニケーション……55
はじめに (55)
1 ケースワークの史的点描 (55)
2 今日のケースワークを学ぶ意義 (56)
3 コミュニケーションにおける態度——バイステックの7つの原則—— (59)
4 出会いから別れまでの原理・原則 (61)
おわりに (62)

第6章 地域子育て支援としてのコミュニケーション……66
はじめに（66）
1 子育て支援の場で実施されている専門性に基づいたコミュニケーション（67）
2 基本的応答技法を用いた支援（70）
3 子育て支援の場でのコミュニケーションの実際（73）
おわりに（78）
第7章 ソーシャルワーク専門職としてのコミュニケーション……79
1 ソーシャルワーク専門職とは（79）
2 ソーシャルワークとは（81）
3 ソーシャルワークにおけるコミュニケーション技法（83）
4 ソーシャルワークにおけるコミュニケーションの難しさ（85）
第8章 専門職者に幼・保現場で求められる基本的態度……89
1 傾聴・受容（89）
2 面接技術（93）
3 ちょっと一息ワーク（99）

第9章　ポジティブシンキング・アクションとしてのコミュニケーション……104
1　自分自身のポジティブシンキング（104）
2　専門職者としての自分と本来の自分について（111）
3　子どもの話を上手に聴くための4つの視点と10のコツと22のポイント（115）

第10章　病院などにおける専門職としてのコミュニケーション……127
はじめに（127）
1　保健医療とコミュニケーション（127）
2　医療ソーシャルワーカーによるコミュニケーション（129）
3　多職種連携におけるコミュニケーション（132）
おわりに（135）

第11章　幼稚園などにおける専門職としてのコミュニケーション……137
はじめに（137）
1　集団の中で育ち合うコミュニケーション力（137）
2　保育者間での対話を通したコミュニケーションとは（142）
3　自閉症スペクトラム症Aちゃんとのかかわりについて（145）
4　Aちゃんは「できないだろう」から「できた」へ（148）

第12章　発達が気になる子どもへのコミュニケーション……152
1　発達障害の定義・用語をめぐる問題（152）
2　早期発見によるコミュニケーションのメリット（154）
3　発達障害児へのコミュニケーション支援——自閉症スペクトラムを中心として——（156）
4　発達障害のある子どもをもつ家族の家庭での子どもとの関わり実践例（157）
5　インクルーシブ保育・教育とユニバーサルデザイン（161）

第13章　AAOにおける子どもとのより良いコミュニケーションの方法……164
1　AAOの成り立ちと理念について（164）
2　子どもとのかかわりとコミュニケーション（人間交流）（166）
3　さまざまなコミュニケーション（170）
4　障害についてのラベル（174）

第14章　高齢者施設などにおける専門職としてのコミュニケーション……181
はじめに（181）
1　介護福祉士の成立（182）
2　介護福祉士養成校における学び（185）
3　介護職のコミュニケーション（186）
おわりに（192）

第15章　弁護士としてのコミュニケーションのあり方……194
はじめに（194）
1　聞き取り全般についての9つのポイント（195）
おわりに――複眼的思考をもつ――（204）

▼第Ⅱ部　実践編

1　心に触れる（207）
2　スクールソーシャルワークにおけるコミュニケーション能力（208）
3　コミュニケーションの図り方――社会福祉士の視点から――（209）
4　「心躍る」音楽によるコミュニケーション（211）
5　放課後児童支援員としてのコミュニケーション（212）
6　公民館で培うコミュニケーション（213）
7　児童館におけるコミュニケーション（214）
8　少年鑑別所職員のコミュニケーション力（216）
9　相談支援のコミュニケーション（217）
10　人間関係を円滑にするコミュニケーション術（218）
11　服装、笑顔、時にはハプニングも味方につけて（219）
12　「遊び」とコミュニケーションの相互性（220）
13　チーム支援の基盤としてのコミュニケーション（222）
14　コミュニケーションにおける利用者主体の考えの重要さ（223）
15　相手の心に届くコミュニケーションを求めて（224）

第Ⅰ部

理論編

第1章　コミュニケーション力とは

1　見通す力・思い込まない力・見据える力の育成

あなたは、小学校4年生の担任をしている教員である。クラスの中に、最近、発達課題を抱える子どもが徐々に、学校集団生活の中で目立ってきた。その子どもの担任としてどのように関わっていきたいと思うだろうか？　また、教員という専門職者としてどのように考えて行動していかなければならないと思うだろうか？　まずはその教員の子どもに対する専門的な目標とは何かを今の段階で明確にしておくことが大切である。その1つは子どもが教室内外において安全・安心できる授業環境を作ること。2つめは、子どもの発達課題行動が顕著になってきた時、保護者の同意を得て医療機関での診断を受けることである。以上の大きな2つの目標を達成するためのプロセスを具体的に考えていくことが重要である。まず、担任教員として、子どもの教室内外の状況について記録していくことが大切である。特に何らかの子どもの発達課題によって、クラス内外でいざこざなどが起こった時、その発達課題がどのような形で収束されたのかをしっかりと時間も含めて記録していかなければならない。また特定の教科目がその子どもの感情を高揚させているのか、それとも学校に来る前の段階で家庭の中での心の様相が気分を高揚させ、その時の感情が継続しながら今、学校内でその行動を誘発させているのかなどなどを考察していく必要がある。特に、その子どもの課題の状況だけを記録していくのではなく、逆にすごく彼の行動がよかった日もあるので併せて記録していくことが必要である。どうしても行動などにおいて発達課題のある子どもをみるとき、その課題の部分だけをみてこちらが安心しないような捉え方が重要となる。要するに、自分自身の子どもに対するある一定の枠組みを当てはまてしまうことによって、その枠組みしか見ようとしなくなってしまうことが懸念されるからである。「これはこうだ」という枠組みから「これも、あれも、それも……」というように徐々に枠組みの範囲を拡大しながらその子どもたちを観る事が重要となる。

たとえば以下の10のプロセスをたどりながら「子どもの最善の利益」を守り、より良い方向性を保護者とともに探していこう。

①その子ども自身が今の学校、家庭などの状況をどのように理解しているのか。
②学校内においてその子を取り巻いている環境（友だちなど）はどのようなかかわりをしているのか。
③授業中の様子、教科についての興味などについて考察する。
④すべての教職員が子どもの様子を知っているだけではなく、理解を深め、その対応について全教員の体制づくりにかかわる仕組みをつくる。
⑤土曜日、日曜日を含めての過ごし方の情報を親御さんからもらえるためのラポール（信頼）関係を構築する。
⑥ＳＳＷ、ＳＣ、養護教諭などの教育以外の専門職者の見解としてはなにかを把握する。
⑦保護者の方が子どもの家での様子（兄弟関係）などどのように考え、接しているのか（家での子どもに対する困りごとを明確化する）。
⑧クラス担任として教室内外などでの様子をどのように考察理解しているのか再検討する。
⑨保育園、幼稚園の頃の様子をその当時の担任から聞くことでの今のつながりを考察する。
⑩食生活の状況（偏食など）と就寝時間について考察する。

以上の情報をもとにして、担任として、特に⑥の専門職者とともにケース会議を行い、学校として何ができるのかを共通理解し、保護者との面談を行う。また状況に応じて家庭環境を含めて、児童相談所、民生・児童委員、医療関係、警察などの社会資源専門職者の参加も必要となる場合がある。保護者との面談においてのポイントは、担任教員とのラポール形成を前提として、保護者に説得をするのではなく、納得を促せるようなかかわりの中で一緒に歩んでいくことが大切である。

ポイントは、説得は専門職が話している割合は80％以上で聞いている保護者・子どもは20％以下の会話になっているので、専門職者が20％以下の割合で話をしながら、保護者・子どもは80％以上、会話をしてもらうと、保護者・子どもの自身が納得できる可能性が高くなる。これは、心に思っている感情を言葉にして相手から引き出す技術である。

＊「問題行動」から「課題行動」への転換

言葉の印象は、時には、レッテルのように言葉が独り歩きしたような全体を包み込んでいくことがある。生徒指導に関わる会議場において、たとえばＡ先生が、自分のクラスのＢ君について「Ｂ君はいつも問題行動を引き起こすクラスでも気がかりな生徒で……」という説明があった時、Ｂ君をあまり知らない先生がその言葉を受けてどのようなＢ君に対する印象を（イメージ）もつことになるだろうか？　おそらく行動のすべてにおいて、何かやらかすのではないかというような不安感、指導の対象というレンズを通してみてしまうことが多くなるように思う。そしてＢ君が気になる行動をしたときには、「あ～やっぱり」と思った瞬間に自分自身の心にマイナスの安心感が入ってくる。この状況は、たとえばあなたが、体調を崩して病院に行ったとする。医師からは、「風邪ですね」という症状の確定がされて、薬を処方しておく、と言われた時の感覚とよく似ている。もし、医師から「う～ん、ちょっとわからないですね……」と伝えられた時、あなたはどのような気持ちになるでだろうか？　とても不安で、何か悪い……という気持ちに陥ってしまうことになるだろう。「枠組み」は自分自身を安心させることにもつながっていく。しかし、この「枠組み」を取り払って子どもたちとかかわることが重要に思う。この例はまず、Ｂ君が問題行動を起こすと言っているＡ先生のかかわりがどうであるのかを振り返らなければならないと感じる。ひょっとすると、A先生の授業だけがB君が問題行動といわれているストレスを爆発させているのかもしれない。また他の先生は、「私の授業の時、B君は何も問題はない」かもしれない。まず、「問題行動」という言葉を使う前に自分自身のかかわりがどうであるのかを検証する必要があると考える。「問題行動」という言葉そのもののもつイメージの悪さがあるので、「課題行動」に変えて会議に出せればよい。「課題」という言葉のもつイメージは誰もが成長の過程で悩む、壁のようなもの。子どもの言動は一過性のこともあるので、「問題行動」を「課題行動」に変えるだけで印象が変化し、かかわりが良い方向に変わることを期待する。

事例1　思春期におけるかかわり

「明日から期末テストが始まります。しかし、中学校2年のA君は夕食後テレビゲームを始めました。前回、中間テストは振るわず、母親からの小言をたくさんいわれて、うんざりの状態でした。母親は、前回のテストの結果についてひどく怒ったこともありますが、子どもがテレビゲームをしている姿を目の前にしてどのようなかかわりをするのが良いでしょうか」〇あなたが保護者ならどのように関わりますか？　それを親が余裕のある場合と余裕のない場合のコミュニケーションに分けて以下の質問に実際の言葉を考えてみましょう。

1．子どもの今の心理的状態を言葉で表してください。

2．親の今の心理的状態を言葉で表してください（あなた自身が余裕のある時と余裕のない時の両方でのコミュニケーションの温度差はありますか）。

3．あなたが子どもの保護者ならば、どのようなかかわり方をし、子どもが明日からのテストに向けて勉強する意欲を高めていきますか？

4．保護者が子どもと話す前の準備として以下のようなものが有効です。

①保護者としての時々のゆれる心の揺れ幅の大きさを今の感情として客観的に捉える。

②周りとの環境が感情に与える影響とその行動との関連性を考察する。

③子どもに対する親の想いを考える（子ども観・子育て観）。

④日ごろからどのように子どもと接しているのかを考える。

⑤子どものさまざまな感情を受け入れられる自分自身の余裕があるのかを考える。

5．この事例1に対して、あなたの具体的な子どもへの対応を考えていこう。

まずはこの本のポイントである「見通す力」が今、親の側に何パーセントあるのかを確認してみよう。そのうえでこれから子どもと関わる目的をイメージできるかどうか考えてみよう。「①子どもが泣きながら自室で勉強することになる。②子どもが泣くまではいかないが怒りながら、または、親を無視して部屋に行く。③子どもが納得しやる気を出して部屋に行く。」どの選択肢が一番子どもにとって良いのか一目瞭然、③番だろう。ではなぜそのような子どもの状況にならないのかを以下、解説してみよう。

○保護者として子どもが勉強することはあたりまえに思っている。まして大事なテスト前なのに……

○前に注意したにもかかわらず同じように勉強するどころかテレビゲームをしている。

○姉や兄は（兄弟を成績で比べたり近所、親戚の子どもと比べる）よくできるのに……

○また学校から呼び出されるかも……

○どうして親の気持ちがわからないのか……

○このままじゃ、いい高等学校に入れないかも……

○いつも好きなことをやらせてあげているのに……

○最近親の側のストレス……子育てだけではなく、仕事、連れ合い、嫁と姑……経済的な……

どの保護者も自分の子どもに対して、将来のことで期待をしない保護者はいない。「わかってはいるのですが……」と、保護者の心の声が聞こえてくる。親として、結果として、自分本位の押し付けになってしまったり、操作をしてしまったり……、ではどのようにすればこの状況を切り抜け、改善できるのだろうか？

それは、まず明確な枠組みの設定から始まる。15分間だけ、子どもの気持ちを理解して関わるということを考えてみよう。まずは、コミュニケーションが取れる状態に保護者がなっていないことを自覚できるかどうか……それは、子どもの気持ちを聴く余裕すらなく、子どもの今の気持ちを考えない一方通行にならないのかを確認しよう。親側の正論として、自分自身を納得させ子どもと関わり、後で後悔することになってしまうことが多いのではと心配になる。ではどのような子どもとのコミュニケーションが適切なのかを一緒に考えていこう。（特に以下の⑥は保護者側には難しいかもしれませんが）まずは以下の11点をやってみよう。

①保護者の今の心の整理をする。心の中の自分の入れ物、容器になんかの悩みがあふれている状態では子どもと関われない。まずは、その悩みをこころの入れ物から出し、余裕を作る。

②余裕が作れたら一度、二度、深呼吸をしてみる。

③今からの子どもとの関わりが終わった後の自分への楽しみを作っておく。

④今から保護者が子どもと関わる際の目的を確認してみよう（子どもがちょっと笑顔になって、分かったお母さん、僕今から勉強してくる……が目的で関わることです。「泣きながら」ではないだろう）。

⑤子どもが今、ゲームをしながら楽しいという気持ちを受容する（自分自身の感情を横においておく）。

⑥子どもが今やっていることに楽しいという気持ちを言葉で伝える（楽しいという感情を共感、伝達することによって一般に言われる子どもの心の中にノックして入っていくイメージ）。
⑦子どもと同じゲームをちょっと5分、実際にやってみる（楽しいという感情を動作で共有表現する）。
⑧子どもと一緒にゲームをする中で、母親の想いをゆっくりと伝える（言い過ぎないように、基本は子どもが「そうだ、うん」と自分で気づくことが目的・ポイントはすべて子ども自身から言わせること）。
⑨約束をさせる、納得させる（ゲームを5分ほどしてから、次へのステップを伝える・勉強など、その時の工夫としては、保護者側があと10分してから勉強しなさいね、ではなく、子どもに今やっているゲームの終了時刻を長くて30分以内をめどに子どもからの発言を待つこと。ゲームの終了は親が決めるのではなく子ども自身が自分で決めることが重要である。子どもの自己選択、自己決定が自己責任になるために大切なプロセスとなる）。
⑩保護者が放った言葉に泣きながら子どもが勉強することは避けられましたか？　子どもがゲームを自己納得で終了し勉強に向かう力を保護者側から与えられましたか？　ちょっと、子どもの表情をポジティブな言葉に変えて押し出してみよう。
⑪明日のテストへのポジティブな導入を行う（ちょっとしてから勉強する場所に行き、甘いものでも……）。

6．この事例を通しての考察

子どもが今、「ゲームをやって楽しい」「前からのゲームデータの続きで今日は、全部クリアーしたい」「明日からの試験から逃れたい」という気持ちなどをいくつか挙げながら、実際にはどうなのかを推測することが大切である。そのような子どもの心情を理解すれば、「ゲームなんかして、明日からテストでしょ。いつまでゲームをしているの、早く勉強しなさい」「また、前のテストの悪い点数とっても知らないわよ」というように、お母さんのあふれる感情をそのまま伝えることは返って、子どもの心にマイナスの感情をつけてしまう可能性がある。特に、今の状況からのことではなく、前回の結果を今の状態に重ねていることは、問題の焦点をぼかしてしまうだけでなく、子どもの感情を前の状態に戻ってしまう可能性があるので、あくまでも「今ここでの状況」を中心に伝えることが大切である。

つまり、子どもからは、**「今から勉強やろうとおもっていたのに……、お母さんが言うからやめた」**と反撃されることもあるからである。

結果を見通すということは、子どもが明日からのテストに向かう意欲を高める「気づき」を促すことである。「気持ちよく勉強に入るのか、泣きながら勉強に入るのか」こちらのもって行き方ひとつになることを自己覚知しよう。

また子ども自身の中には、自分自身の大切なテリトリーがあり、その領域は、自分そのものが存在し、その時々の感情のゆれ幅が言動に起因することになる。スムーズなコミュニケーションをとる場合には、この領域を自分自身の中に入れ、コミュニケーションを図るのか、それとも相手の領域に入ってコミュニケーションをとるのかによって、受容と共感のバランスが図られることになる。特に、思春期の子どもをもつ親御さんのかかわりは、その子どもの心の領域にゆっくりと敬聴（傾聴）しながら入っていくことが重要となる。

つまり、「子どもが**どのような表情**で自室に入っていくのか、その表情を想定しながら目的としてプロセスをとらえてみよう」。

◀2▶「さりげない」やさしさの意味と3つのコミュニケーション

（1）「さりげない」ことの重要性

「さりげない」という言葉を漢字に直すと「然りげ無い」になり、その意味は「それらしい様子を感じさせずに振舞うこと」を表し、意識的に振る舞うことになる。それは、相手に悟られずに「そっと」相手に感じさせるようなしぐさや顔の表情または、言葉になる。また「然りげ無い」の「然りげ」とは、古語の「さありげ」から転じたもので、「何か意図するところがある」といった意味になり、これを「無い」という言葉で打ち消している。私たちは、専門職であるので、クライエントに悟られず、クライエントの潜在的な自己治癒力を自分で感じ取ってもらえるような仕掛けを意識的に行う必要がある。それにより、クライエント自身がなんとか自分で悩みと向き合いながら乗り越えていく力が湧いてくるように思ってもらえることが大切である。

たとえば、意識的には、「クライエントさん、あなたには、いろいろな悩みを抱えていた過去を何とか乗り越え１つ大きな自分に至っているのですね。その悩んでいた過去を振り返ると、たぶん、その振り返ること自体の辛さがまず脳裏に浮かんできますね。でもその辛さと向き合える力が一人ではなく隣にいる専門職者とともに「できる」ということに気づき、実感できるのです。つまり、過去の辛い現象面がすぐに表れ、すべての感情を覆いつくすように思えますが、そうではない。過去において自分で何とかしようと、もがいていたその力が、自己治癒力となり、悩みに向き合い乗り越えてきている。その乗り越えてきたプロセスを一緒に紐解きながら、その潜在的な力を、今、目の前にある新たな悩みの壁を打ち破るヒントを、探していきましょう……」という感じである。

また類似する「何気ない」という言葉は「何の気なしに、意図せず」といった意味になり、無意識に振る舞うことになる。クライエントに何げなく感じてもらいながら、さりげなく関わりを深めていくこと。つまり相手の立場を理解しながら「さりげなく」使う言葉は非常にクライエントの心に直接響きながら届いていくような意味が深く、人と人との関係性をより良くすると感じている。私は、過去、重症心身障碍児施設「びわこ学園」を創設された糸賀一雄氏についての文献を検索解題し、その記録文章を辿るべく何度か訪問したことがあった。「この子らを世の光に」あまりにも有名な一文である。職員がこの子らとのかかわりの中で、糸賀は「実践考察」を日々実行しながら、今、眼の前にいる子どもの行動の背景にある心の揺れ幅を再考する必要があると伝えている。

つまり子どもを認め、子どもの意向を尊重し、子どもの私たちが求める気持ちを「可視化」させることができるようさまざまなさりげないコミュニケーションを駆使しながら、次の行動を予想し関わる必要がある。この子らへのコミュニケーションはまず、この子どもたちの心の中に入ることができないと、その表情、行動の意味、理解が難しくなるばかりでなく、感じることさえできなくなる。もしこの現代に相手に自分の気持ちを伝える方法がなかったなら……そう考えると、感情によって相手に伝えたい言葉が明瞭化され、またその言葉によって伝えられた人たちのさまざまな感情を育み、より良い関係性を築いていくことが難しくなると考えられる。それだけに自分の想いを相手に伝えるということを私たち一人一人があたりまえに感じてはいけないと改めて思わざるを得ない。

「重症の子どもをかかえたうちの保母さんが、ある日のこと、毎日おしめを何回も替えるんですけれども、いっしょうけんめいでその手が……ベッドに寝たっきりの重症の子なんだけれども……お尻を持ちあげるだけしかその子にはできない。けれども、保母さんがおしめを入れかえようとしたその手に、いっしょうけんめい力んでいるその緊張が伝わった。

ずいぶん保母さんは感動したんだそうです。そしてあとで主任の方に話している。「私はあんな経験は初めてでした。15歳になる男の子が、寝たっきりの子どもが真剣になって、私がおしめを替えようとするとお尻を持ち上げる。それしかできない。しかしその子がいっしょうけんめいやってくれていたのを感じましたときに、私はこの仕事をやっているのに意義があると思いました」ということを、その保母さんがいっている。

働いている人と世話されている人とが、共感の世界を持っているのですね。感じあっている。育ちあっているということ、子どもが育つだけじゃなくて、それを世話している親ごさんが育ち、世話している先生が育ち、そして隣り近所の人までもが、地域社会の人たちが、やはりこういう人たちを中核として育っていくのであります。子どもがどうしようかということよりも、私たちが育つことの方が大事なんではないかというふうな感じを受けさせられたのであります。

（糸賀一雄『愛と共感の教育』柏樹社、１９７２年による）

以上の文章は約50年前もの月日が経過している文章であるが、今も糸賀一雄氏が私たちに伝えたい、伝えなければならなかった想いを脈々と息づき心を打つ。

（2）3つのコミュニケーション

もしこの現代に言葉がなかったなら……そう考えると、感情によって相手に伝える言葉が生み出され、また言葉によってさまざまな感情を生み、自分の想いを相手に容易に伝えられるということを私たち一人一人があたりまえに感じてはいけないと改めて思っている。一般的に「言葉」は、人と人とをつなぐ「絆」であるとともに、自分の感情を入れながら相手に届く贈り物であり、また人と人との間にあるコミュニケーションの1つである。私たちが日ごろ何気なく使っているコミュニケーションの方法を考えたとき、おおよそ3つに分けられると思う。1つめは、見えるコミュニケーション、2つめは、見えないコミュニケーション、3つめは、見えにくいコミュニケーションである。私は、3つめの見えにくいコミュニケーション（ジレンマなどによる）が人と人との関係性を左右する影響力が強いと感じている。

「おはようございます、ありがとう、ごめんなさい……」などは、声などを通して相手に届く言葉の見えるコミュニケーション（バーバルコミュニケーション）、見えないコミュニケーション（ノンバーバルコミュニケーション）は、手話、口話などの方法で相手に顔、手の動きの表情、などによって読み取る力が必要となる伝えられるコミュニケーションである。私は、3つめの見えにくいコミュニケーションが重要であり、自分自身ばかりでなく、相手にとってもお互いに「思い込み」を深くさせたり、誤解が生じ、自己嫌悪に陥ったりすることが多いと感じている。この思い込みを構成させる要素としては、価値観としての枠組みがあり、その枠組みを専門職者はまた新たに専門職としての価値感の枠組みを作っていかなければならないと感じている。この見えにくいコミュニケーションは、たとえば、気持ちや感情に詰まってしまい、その為に伝える言葉が不足し、相手に本当の自分の気持ちを伝えられなかったりすることである。友だちに謝ろうと思ってもなかなか言い出しにくく、何も言えなく黙ってしまうと余計に状況が今よりも悪くなってしまった、というような経験もあると思う。このような状況に陥らないようにするためにも、見えるコミュニケーションと見えないコミュニケーションをうまく使いわけていく必要がある。

このことを前提として、一般的な「何気ない言葉」と「さりげない言葉」の2つの伝達方法について経験踏まえてでお話ししたいと思う。なにげない言葉もさりげない言葉も、時に人を傷つけてしまうことがある。特に、意図していない「何気ない言葉」は、良かれと思って相手に言った一言でも、相手にとってはショックとなり、やる気がなくなったりしてしまうこともある。しかし、気づかれないような配慮をしている「さりげない言葉」にはちょっとした勇気を与えてくれるような前向きな感じが含有している。「昨日……でがんばってきたね、あきらめずに、……」などはこのさりげない言葉に当たると思う。ポイントは、今に始まっているのではなく、日ごろからしっかりとみる視点でもって、観察力を高めながら記憶に残していくこと。私はこのさりげない言葉、無意識で、相手に勇気の与えることの大切さを伝えたいと思っている。

このさりげないという意味は、意識しているようで、相手には、ごく自然なふるまいに思えるのではないかなと感じている。またさりげない言葉の力には、相手の気持ちに寄り添っているような、また「一緒に」という言葉が隠れているようで安心感を与えてくれると感じている。さりげない言葉がすっと自然に、お互いに出てくると幸せな雰囲気がそこにあるように思え、自分の気持ちさえ温まるように感じられる。

あるクラブの先生がさりげなく、「今日の試合は2位だったけれど、毎日の練習からは、すごく頑張っていたよ」といってくれた言葉に、結果ではなく、今自分が頑張っている姿を、クラブの中でしっかりと見といてくれていたんだと思うと、次の試合に今以上に頑張れる勇気が出てくるように感じられる。さりげない言葉の力は、相手に勇気を与える前向きな言葉だと感じる。

家庭の中でも、学校でも施設でも病院でも地域でも……さりげない言葉が自然体として出てくるような環境醸成が大切に感じる。さりげない言葉はやさしさに変わり、さりげない幸せにつながっていくことに期待する。

◀3▶　価値観の変容について

また、さりげない言葉には、その言葉の構成要素の1つである「価値観」がその感情に大きく影響している。価値観は自分自身の生きざま、生まれてきての経験や体験などの足跡の中に残り、形成されていく。その人が生まれてから乳幼児期、児童期、青年期……まずその中で第一環境である身近な環境、親からの価値観で形成され、育ってきた環境によっても性格に影響を及ぼし作られてきた価値観となる。人と人とのかかわりの中でその価値観の違いを認め合いながら、専門職者として新たな価値観を作っていかなければならない。以下の質問に答えてみてほしい。この質問は、専門職者を対象とした講演会の時に私が参加している方々によく質問する問題である。自分の価値基準がどこにあるのか、専門職者のジレンマが何げなくわかってくるように思える。

事例2　どの文節（言葉）に価値が高いのかを考えてみよう

あなたは児童養護施設の職員Ａさんです。Ａさんの担当している中学校２年生のＤ君が「先生、ちょっと話があるんだ。先生にはちょっと言えなかったんやけど、１週間前にショッピングセンターの３階、自転車売り場でミニサイクルを万引きしたんだ」と告白しました。あなたは専門職者として彼にどのような言葉と今後の対応をしますか？

またあなたがＤ君の親だったらどのように対応しますか？

①あまり良くない関わり方（親）

「え〜（想定外の驚きとともにふつふつと怒りがこみ上げてくる）、なんてことしてくれたの。どうするのよ、ほんとに……」「なんでそんなことしたの理由を話しなさい」「あなた前もそんなことしたでしょ……」「言ってくれたらお母さんだってお金ぐらいあげるからもう……」というように相手の気持ちをまずは優先するよりもこちら側、大人側からの反応が多いように思われる。つまり親の価値観としての言葉は「万引き」ということですね。

②良い関わり方（専門職者）

ポイントは、子どもの発達を冷静に捉えながら、第二反抗期の特徴を理解し、「彼がそのような行動を**とらざるを得なかった**」という気持ちにまずは焦点を当て、受容することが大切。次に専門職者としての価値観、親御さんとしての価値観がどこに置いているのかがその後の対応にかなり大きな影響を与えると感じている（つまり、子どもから発せられた言葉の与える印象の違い。これが価値観とすり替えられて反応することが多い）。

D君が言った言葉を文節に区切ってどの言葉にあなたは引っ掛かるだろうか？　引っ掛かった言葉があなたの価値観を表している。

「先生／ちょっと／話が／あるんだ。／先生には／ちょっと／言えなかったんやけど／1週間前に／ショッピングセンターの／3階、／自転車／売り場で／ミニサイクルを／／万引き／したんだ」

話している言葉は見えないですが、このように紙面に起こせば見える言葉になる。

その一文の中でも、自分の心の中に飛び込んでくる言葉の印象度が非常に大きいものが「価値」となり、その言葉を受けて返事をすることになる。「言えなかったんやけど」、「1週間前に」と引っ掛かってくるのは心に余裕のある親か、または専門職者が多いと考えられる。それは今のD君の行動の背景にある心の揺れ幅、感情、気持ちを代弁していることができるからである。つまり、その言葉に引っ掛かってくると答え方が変わってくるのである。この言葉に引っ掛かってくるとその返事としては「よく1週間もつらかったね、先生気づかなくてごめんね……」となる。でももし「万引き」という言葉に引っ掛かると先ほどの「なんていうことしてくれた……」になる。

ポイント

①「悩みを打ち明けてくれたことにまずはありがとうからの関わり」それが、専門職者の受容ということになる。

②行動には必ず意味とそれを揺れ動かす心の背景がある。

③何でそのようなことをしたのかよりも、これからどうしたいのかを聴いてあげよう。答えは子どもの決定を促すような環境を作ってあげることから始める。

という3点が重要である。

余談になりますが、私は関西出身で、大阪の文化の1つに吉本新喜劇がある。大阪のお母さんだったとしたら先ほどの子どもからの問いかけにきっと、たぶん、十中八九「3階から自転車をどうやって持って帰ってきたの……?」と答えるのではないかな「そこなの……」と聞こえてきそうです。きっとお母さんは「自転車」というキーワードが価値観の強い部分だったのだろう……。

第章 ノンバーバルコミュニケーション

職場における多くの暴力的な関係性になる要因としては、何気ない普通のコミュニケーションがうまく取れなくなった時に起こるものであると考えられる。しかし、暴力的な感情の激しい人もコミュニケーションを取ろうとしている（あるいは、最初はコミュニケーションを取ろうとしていた）ということを忘れてはならない。コミュニケーションがうまく取れなくなった原因としては、その個人の性格の激高しやすい感情傾向だけとは言い切れない。原因としては、本人やその他の当事者が受け取る、あらゆる感情の起伏が生じるメッセージに起因する可能性がある。

コミュニケーションの実に90％は、非言語的なしぐさや行為を介して行われる。したがって、非言語的なサインやシグナルの読み取りを理解することは、関係性の回復（暴力的な関係性）発生の予測と、自身を他者にどう見せるかということにおいて、また関係性の中における状況リスクを判断しようとする場合に、非常に役に立つ可能性がある。

コミュニケーションの構成要素は、多くの場合、以下のように分けられる。

・言語：コミュニケーションの7％
・声のトーン（非言語）：コミュニケーションの約38％
・ボディーランゲージ（非言語）：コミュニケーションの55％

コミュニケーションでは、非常に多種多様な、言語的および非言語的な言動行為の要素が作用している。人は、意識的か否かにかかわらず、シグナルを相手に与え、またその反応を受け取っていますが、こうしたシグナルは、ポジティ

ブなものであれネガティブなものであれ、さまざまな関係性を引き起こす。

●シグナルの認識

非言語的コミュニケーションの要素を知ることで、以下のことが可能となり、効果的なコミュニケーションスキルの向上に役立つと考えられる。

・他者からの危険シグナルを認識する
・暴力的な感情の高揚を誘発するような、固定概念からくる他者への判断や即断を避ける
・人が他者からのシグナルを受けて印象を形成するということを意識する
・特定のシグナルやメッセージを非言語的行為で伝えるようにする

●印象と固定観念

人は、誰かに会ったり、電話で話したりする際、その相手に対して即座にプラスやマイナスの印象を抱く。一般的に、個々の身体的特徴（たとえば、目、髪の毛など）にはすぐには気が付かず、どちらかと言えば過去の事実として、年齢、性別、人種といったことをより心に留める傾向がある。第一印象や固定観念に基づいて、あまりにも簡単に、相手のことを即断してしまう。

肌の色、年齢、障がい（人は、他者のできないことばかりに目を向ける）を基に、その人の能力も評価の対象となりやすく、また質問や要求に対して自身の固定概念で返事をしたり、相手の言動傾向を決めつけたりする。相手も自分に対して同様に反応し、第一印象を抱いたり、固定観念で型にはめたりもする。

私たちは誰もが第一印象を抱き、固定観念に基づいて行動するということを認めることが肝心であり、また、それら

が全く間違いであったり見当違いであったりする可能性を念頭に置くことも、同様に重要である。自分の「普通」が必ずしも相手の「普通」と同じではなかった場合に相手の表現するサインやシグナルを誤解しがちになりやすい。

それは場合によっては非生産的（または不安全）な結果をもたらす。これを避けるためには、困難であっても自身の過去を通して作られてきた固定観念を捨て去ること、そして、人について何かを判断する前にその人を知るための時間を取ることが大切である。

ただし、このアプローチは、「本能」を無視してはならないという認識と、釣り合いを持たせる必要がある。本能的に、人はなんとなく、特定の人物に対して用心しなくてはいけないと感じる場合がありる。これは、「うなじの毛」反応と呼ばれています。強い不安をもし自身が感じた場合は、この反応を大切にし、注意を払うべきだと考えられる。

○服　装

人に関する早合点の多くは、服装の影響によるもの。つまり、以下のことに基づいて評価しがちと考えられる。

・きちんとしているか、だらしないか。
・フォーマルか、カジュアルか。
・適切か、不適切か。
・古いスタイルか、最新の流行か。

また、人は自分の好きなことや過去の経験に基づいて反応する傾向がある。たとえば、制服は、安心感を与えることもあれば、威圧的なこともある。その人についての評価は完全に主観的なものであり、正確であるかもしれないし、そうでないかもしれない。もしくは、単に他者による認識にすぎないこともある。

ある人にとっては洗練されたものでも、別の人にとっては古めかしかったり、ある人にとって実用的で適切なことが別の人にとってはだらしなかったりカジュアルすぎたりする。業務上服装が決まっていて、その雇用条件を受け入れているのでなければ、どんな服を着ようと各自の自由である。しかし、好むと好まざるとにかかわらず、自分の服装が、他の人々に影響を及ぼしたり、彼らの自分に対する認識に少なからず影響を与えたりすることを忘れてはいけない。誰もが、それを念頭に置いて服装を選ぶのかどうかについて判断する必要があり、また、特別な印象を与えようとするのかどうかを判断する必要がある。

特定の種類の服を着ることで、格式ばらない、開放的で、友好的な印象に見せたり、「人並み」であることを強調したり、あるいはビジネスライクに見せたりといった演出はできるが、いつも思った通りの印象を与える保証はない。たとえば、ある組織に重大なクレームを持って行くと、顧客はおそらく、非常にきちんとした身なりの、スーツを着た人に対面することになるだろう。その人は、クレームに対してきぱきと笑顔で対応するように訓練されている。訪問者はおそらく、（クレーマーにとっては明らかにそうではないが）明るく笑顔で過度に身なりに気をつけた担当者に会うことになるだろう。

誰もが、第一印象を変えるために、時間や労力をかけることができるわけではないし、そうしたいわけではない。特に、最初から取り乱していたり、苛立っていたり、怒っていたりした場合はなおさらである。また、他者からのシグナルを誤解しやすい傾向もある。そういうわけで、服装の適切さは重要だと考えられる。人は、相手から送られるシグナルに驚いたり困惑したりしないほうが、よりスムーズに、他者とつきあうことができる。とはいえ、他者の期待に応える度合いや、他者とどのように付き合うかを決めるのは、人それぞれである。

無難な服装の問題は、特に女性にとって、争点となる。もちろん女性が何を着るか選ぶのは自由であるべきだが、意図したとおりに他者がメッセージを受け取るとは限らないということに留意する必要がある。個人の自由を犠牲にしてでも、リスクを最小限に抑えるために違う服装を選ばざるを得ない場合もある。

他者にメッセージを伝えるものは衣服だけではない。ブリーフケースやクリップボードを持ち歩いていると、有能に見られたりも、嫌味っぽく見られたりもする。記章類（出身校を表すネクタイなども含む）を身に付けていると、認められ受け入れられる可能性がある反面、反感を買う場合もある。

○アイコンタクト

適切なアイコンタクトは、コミュニケーションにおいて非常に重要な要素である。誰かを常に見ていると、相手が不快になることにすぐに気が付くことが考えられる。人は一般的に、睨まれたり、見つめられたり、鋭い視線の対象になることを好まない。アイコンタクトが多すぎると、脅迫的または高圧的であると解釈され、攻撃的な反応を引き起こす恐れがある。逆に少なすぎても、相手の話を聞いていない、注意を払っていない、真面目に受け止めていないと思われてしまい、相手の攻撃的な態度につながる恐れもある。

適切なアイコンタクトとは、大多数の人にとって、視線を合わせ続けることではなく、定期的に合わせることを意味する。話し手は聞き手から目をそらすが、聞き手が話をちゃんと聞いて理解しているかどうかを確認し、聞き手の反応について手がかりを拾い上げ、必要に応じて話を修正するために、時々聞き手を直視する。

聞き手は、アイコンタクトで、話をちゃんと聞いて理解していることを示すが、不安や混乱、退屈などの反応を話し手に伝える場合もある。人の目は非常に表現力豊かで、ユーモア、恐怖感、苦悩、はにかみ、興奮などを表すことができる。アイコンタクトによって、これらのシグナルを拾い上げ、他のシグナルと組み合わせて、自分が相手にどのように影響を与えているかを理解し、また、コミュニケーションがどれだけうまくいっているか評価することができる。これによって、自分の振る舞いを修正することができ、相手の変化を認識することができると考えられる。また、その変化に基づいて、自分はどう振る舞うべきか選択できる。

鏡の前でアイコンタクトの練習することで、言いたいことを目で表現して、特定のメッセージを伝えることができる。落ち着いた堅実な目つきを習得し、ストレス下でも定期的なアイコンタクトを維持できるようになると、目から「心を読まれる」ことを避けることができるので、難しい状況で役立つ可能性がある。

○顔の表情

顔の表情は、思考や感情について、多くを伝えることができる。目と口はおそらく最も表現力が豊富なパーツであり、それによって、言葉で否定している感情が顔に出てしまうことがある。

顔の表情は、恐怖から完全な平静まであらゆるものを表すが、思考や感情の変化に合わせて非常に素早く変化している。顔の表情を読むことは、相手の言葉には表れない動揺、怒り、苛立ちなどを察する一助となる。

緊張や怒りは、口頭で発せられるよりもずっと先に、顔に表れることが多いので、起こりうる危険を察知して、適切な行動をとることができる。

また、顔の表情によって、自分の中に秘めておきたい感情が表れてしまうかもしれない。あるいは、皆さんは、状況に応じた特有の表情があることを認識し、使い分けられるようになりたいと思われるかもしれない。緊張、リラックス、動揺、平静、怒りなど、いろいろな顔つきを、鏡の前に座って練習すれば、自身の表情を知ることができる。そして、それぞれの感情を識別するようになり、他者とのコミュニケーションで役立つような表情を操ることができるようになる。

○態度・動作

態度や体の動きは、その人がどう感じているか、気分、心構え、他者との付き合い方などについて、非常に広範囲のメッセージを伝えることができる。手を振る動作など、メッセージが意図的な場合もあれば、面接時に緊張して指を絶えず動かすような、無意識の場合もある。

ジェスチャーなどの動作には、すでに意味を獲得していて、「親指を立てる」など一般的に理解されているものや、子どもたちの仲間内での秘密の合図のように特定のグループで理解されるものもある。また、ある社会や文化圏では意味があるけど、他の社会や文化圏では意味が無かったり別の意味になったりするものもある。したがって、たとえば、さまざまな民族的背景をもつ人たちと仕事をする場合は、コミュニケーションに影響を与えるような文化的・宗教的な問題について前もって認識しておく必要がある。

態度や、ジェスチャーなどの動作は、他者がそこから何らかの意味を読み取ったとしても、実際には単なる癖で、何かを伝えたいわけではない場合もある。態度や体の動きを観察し、そこから伝えられるメッセージを理解しようと努めることはコミュニケーションにおいて重要だが、そうしたメッセージは得てして誤読・誤解しやすいということにも留意する必要がある。時には、相手がどう感じているか、何を考えているかを実際に聞いて、自分の理解を確かめることが推奨される。メッセージを伝えている可能性がある態度や体の動きには、以下のようなものがある。

- 不　安：手を握り締める・衣服を引っ張る・髪の毛やペンなどを弄ぶ・落ち着かず、姿勢を変える・顔をしかめる・唇を噛む
- 落　胆：椅子に座ってぐったりする・うなだれる（下を向く）・肩を丸める・反応しない・異常に明るく振る舞う
- 不　満：離れる・腕を組む・堅く、直立して、見下す・眉を上げる
- 欲求不満：ため息・視線を空中に向ける・首を振る・断続的に手を動かす（軽くたたく動作など）
- 攻　撃：拳を握り締める、または手を震わせる・指を振るまたは突き出す・首を振る・腕を振る・姿勢を硬直、筋肉を張る
- 脅　威：閉じた姿勢、腕を組む、足を組む・視線を逸らす、顔をそむける・後ずさり
- リラックス：開いた姿勢、腕を弛緩させる・微笑み、前を向いて目を合わせる・ぎくしゃくせず、流れるように動く

態度や体の動きから伝わるメッセージを読み取ることができるようになると、他者がコミュニケーションの中でどのように感じて反応しているか理解するのに役立つ。そして、相手をリラックスさせたり、落ち着かせたり、安心させたりして、コミュニケーションをより効果的に行うように、自分の動作について判断することができる。相手からの受け取るメッセージが危険信号である場合は、攻撃性を和らげる、助けを得る、あるいは逃げるなど、最も適切な方法で自分の安全を確保することが可能となる。

また、自分自身を観察(自己覚知)することで、自分の態度や体の動きについて知ることができる。これにはビデオを撮って、それを観るということが効果的だと考えられる。伝えたくないメッセージを伝えてしまうような動作をする癖がある場合、それを避けるためにもこのような訓練が必要になる。たとえば、興奮して、あるいは、話しに重みを加えるために、指を指したり振ったりする人がよくいるが、聞き手はこのジェスチャーを攻撃的または高圧的と捉えるかもしれない。

また、特定の状況で適切なその場の状況に即応した動作を習得できるかもしれない。たとえば、面接やクレーム対応などの難しい状況で、緊張している、あるいはそわそわしているように見えることを避けるために、どのように振る舞い、手をどう動かすかを学ぶことができる。

態度や体の動きでメッセージを読むことは、習得して応用できるスキルですが、観察した事象を深読みし過ぎないように、また自分が読み取ったことを過信しないように注意する必要がある。また、文化の違い、地域の違い、個人の習慣、自分のやり方、好み、心構えなどが複雑に絡んでくるので、自分の理解が正しいかどうかを相手に確認することも時には必要となる。

○空間（環境）

人と人とのコミュニケーションは、周囲の空間や自分の空間と認識している空間が、他者にどう扱われるかによって、非常に大きく影響を受ける場合がある。

○パーソナルスペース

人には、それぞれ、周囲にパーソナルスペースの領域があり、その領域の広さは人によってさまざまである。また、領域は、個人の気分によっていつでも変わる。そこは目に見えない緩衝地帯であり、近づきすぎたり浸入したりすると、非常に敵対的あるいは攻撃的なオーラを感じるかもしれない。パーソナルスペースは、愛する人や親しい友人であればもちろん歓迎されるが、他の人だとそうとは限らない。パーソナルスペースに見知らぬ人が入り込んだら、険悪な雰囲気（脅威、緊張感、動揺、怒りなどを伴う）を引き起こす場合がある。

誰かがパーソナルスペースに侵入してきた場合、侵入された側は距離を取ってスペースを再確立したいと思う可能性が高いが、もしその侵入者がついてきたら、侵入された側は付き纏われている、あるいは追い詰められていると感じてしまうかもしれないと思われる。一方で、コミュニケーションを取ろうとしている2人の距離が離れていると、大きな隔たりを感じさせ、互いに、相手がとっつきにくいあるいは近寄りがたい存在であるかのように感じる場合がある。

相手のシグナルを敏感に察知することで、パーソナルスペースに侵入することなく、なおかつ距離感を感じさせない程度に近づくように、バランスを正しくとることが大切。座っている人よりも、立っている人のほうが、不快感を与えることなく物理的に近づくことができる場合がよくある。人は一般的に、座っているときのほうが大きな緩衝地帯を必要とすると考えられる。

○空間的関係

自分と他者との間の距離が大切であるのと同様に、空間における関係あるいはその向きも大切である。他者と隣り合わせで座る場合は、通常、対等な立場で一緒に働いている協力関係として認識される。また、向かい合って座ると、権威主義的、公式、形式的、競争的、あるいは（特に机がある場合に）障壁があるように見えることがある。座席の間に45度の角度を設けると、威圧感は和らぐ。グループにおいては、輪になって座るようにすることで、全員が平等に（実際には違っていても）貢献できることがあるというシグナルを送ることができる。

フォーマルな場面で列を作って座ると、権威をリーダーの手に委ねることになりやすく、人と知り合って関係を築くことができにくくなる。座る高さも重要で、必ず話をする相手と同じ高さで座るように心がけるとよい。高い位置に座ることは、意図的ではないとしても、得てして上下関係を示す結果になってしまいがちである。

○縄張り（枠）

人を取り巻く空間の他の形態として「縄張り」（枠の意識）がある。それは、自分たちのもの、自分たちが属するものとみなす、パーソナルスペースよりも広いエリアもしくは場所で、おそらく、自宅の一室、オフィス、あるいは仕事場の机の周りなどが該当する。人は、この縄張りが自分たちのものとして尊重され、他人に侵されないことを望んでいる。持ち物を調べられたり、勝手に使われたりして、自分の縄張りを荒らされるのを見つけたら、おそらく誰もが敵対的に反応する。

自分の仕事が人の家や敷地での作業を伴う場合（特に、業務上の調査や施行など、おそらく歓迎されない職務を伴う場合）、その人が暴力的になり得る状況を見るのは珍しいことではない。その反応の一部は、自分たちの縄張りが侵され、それをやめさせる力がほとんど、あるいは全くないためであると推測される。他者の縄張りに入る場合は、敵対的な対応を受ける可能性を理解して、一人では行かないなど賢明な予防策を講じることが肝要である。

○スキンシップ

「スキンシップ」は、握手をして挨拶する、背中を軽くたたいて労うなどといった単純な用途の他、愛情、支え、心配、共感、励ましなどを示す場面において、コミュニケーションの一部として重要な役割を果たす。

さまざまなスキンシップの受け入れられ方は、個人、文化、集団によって異なるが、人は観察や経験により、また他者から受け取るシグナルを読みとることにより、何が適切で何が適切でないかを理解する。触られることをいやがって、全く受け入れない人もいる。人によっては、それを苦痛や恐怖に感じ、攻撃的になる場合もある。触るという行為は、どう受け取られるかわからないことから、それをタブー視する人もいる。また、状況によっては、仕事の場にはふさわしくない、あるいはだらしないと見られることもある。他方では、何も気にせず、ごく自然に触ってくる人もいる。また、触れ合うことで慰めや元気づけを求めたとしても無理はないような人もいるが、それが必要だということを伝えることが難しい人もいる。

スキンシップは、相手にとっての必要性という点で、慎重な配慮が求められる領域。場合によっては、横柄、無礼、パーソナルスペースの侵害と感じられ、さらには、不快でトラウマ的な記憶を呼び戻すこともある。一方で、スキンシップは、他者への心からの配慮や気遣いを示し、絆を確立するための最も効果的な方法になり得る。

スキンシップが必要で歓迎されるかどうかを確認する方法の1つとして、相手の腕を手で触れてみるなど、過度にならないスキンシップをしつつ、相手を注意深く観察することが挙げられる。相手からの心地よいかどうかのシグナルを読み取って、離れるか、肩を抱いて元気づけるか判断することができる。

○声

コミュニケーションにおいて一番大切なことは、何を言うかではなく、その言い方や聞き方なのかもしれない。声のトーン、ピッチ、スピード、リズム、アクセントはすべて、話す言葉以上に、コミュニケーションの伝達影響を与えうる可能性がある。効果的なコミュニケーションのためには、以下のことは避けるべきだと考えられる。

・アクセント（なまり）を理由に人を決めてかかる。
・国籍や人種に基づいて決めてかかる（英語が第二言語の場合、興奮しているように聞こえる場合がありますが、危険人物であるという理由にはならない）。
・単調・平坦な声で、他人事のような反応に陥り、無関心や退屈さが伝わる。
・緊張に負けて、声が高くなったり、興奮した口調になったり、早口でまくしたてたりすることで、感情を露呈してしまう。
・自分は愚かで間違っていると感じ、落ち込んでいる人は、暴力的になる可能性がほとんどない。それにつけ込み、傲慢な口調になる。
・話しがよく聞こえない、あるいはついていけないことで、聞き手が苛立ったり欲求不満となり、そのため、ぶつぶつ言ったり早口になりすぎたりする。
・自分の見解や心情を声のトーンで示す（たとえば、軽蔑や皮肉を込めたトーン）が、話す言葉では示さない。聞き手は、そのシグナルを感じ取って同様に対応する可能性が極めて高い。

また、会話においても、以下の点に気を付けるべきだと考えられる。

・大声、早口、まくしたて（緊張が高まっているシグナルとなる可能性がある）
・怒り、欲求不満、または「切迫した暴力行為の前兆」を示唆する可能性がある、会話の進行に伴うトーンやピッチの変化
・言葉自体とは裏腹に、話者の怒りと「暴力に発展する可能性」を示すような、ゆっくりとした威嚇的なトーン

難しい状況や険悪な状況で声をコントロールできることも、非常に有用なスキルの1つ。たとえ相手がどうであれ、自分は冷静で、明快で、毅然としていて、礼儀正しくあることを目標にする。これはテープレコーダーを使って自分の声を録音し、練習することで、自分の声に慣れ、冷静で、明快で、毅然としていて、礼儀正しい受け答えを身につけることができる。また、他の人と一緒に、ロールプレイングを行って、適切な対応を練習することも1つの方法である。

○リスニング

リスニングは、効果的なコミュニケーションには不可欠な要素。リスニングは受動的なコミュニケーションにもなり得ますが、効果的なものにするには、能動的（アクティブ）にリスニングし、また能動的（アクティブ）であるように見せる必要がある。アクティブリスニングでは、自分が話を聞いていること、話についていっていることを、音（「なるほど、はい」）や、ジェスチャーやフィードバック（頷き、微笑んで承認を示す）で話し手に知らせる。これによって、話し手は、聞き手が話をしっかり聴いていることを確認する。また、アクティブリスニングは、非言語的なシグナルを拾い上げ、言葉の中身その言葉の背後にあるメッセージを理解し、すべての非言語的な情報を言語的な情報と一緒にまとめて、話の内容の全体像を構築することができるプロセスとなる。

話を能動的に聞くことは、何より、話し手にとって非常に重要となり得る。その理由は、以下のとおりである。

・言いたいことを言うためのスペースを与えられていることが示されている。
・他人から時間と注目を与えられている。
・自身の話に聴く価値があることが示されている。
・話をはぐらかされた、聴いてもらえていないという欲求不満や怒りといった気持ちが起こらない。

また、話を能動的に聴くことは、聴き手にとっても重要である。その理由は、以下のとおりである。

・話し手だけに自分の注意を集中させることができる。
・言語的および非言語的なコミュニケーションの両方に、同時に集中することができ、問題・課題やその人の考えについて、より正確な認識をもつことができる。
・誤解や中途半端な理解をせずに済むので、余計な時間や手間を省くことができる。
・相手に対して思慮深く敏感に対応することができるようになる。
・危険につながりかねない行動を予測できる可能性が高くなる。

能動的に話を聴く時間を作ることは、人間関係や協力関係の構築に役立てられる。話を聴いてもらって手ごたえを感じた人は、説明の機会が無かった、あるいは逆に説明を受けなかったと感じた人に比べて、問題への解決策（理想的なものではなくても）を受け入れる可能性が高くなる。

Personal Safety for Social Workers By Pauline Bibby and Diana Lamplugh 1994
15: Non-verbal communication からの抜粋訳

第章 より良いコミュニケーションをとるための発声などの方法

はじめに

私は、ナレーター、司会者、朗読家、いわゆる声を使った仕事を生業としている。ナレーターとしてはテレビ番組やCMのナレーション、司会者としてはコンサートやイベント・式典・ブライダル、朗読家としては詩や物語を詠む仕事である。声の仕事をするうえでもっとも大切なことは、それぞれに合った適切な声・話し方を使い分けられることにある。映像に合ったナレーション、物語の内容に相応しい朗読、その場面に適した発言、といった具合である。

声の与える印象は大きい。そしてまた声の印象＝その人の印象に直結しやすい。声の仕事に限らず、これは日常生活においても同じことが言える。

「耳をそばだてなければ聞き取れない、か細い声」「口の中にこもった不明瞭な声」

「寝起きのような、かすれた声」「舌足らずで甘えたような声」

もしあなたがこのような声だとしたら、どんなに見た目がすてきでも、しゃべりだしたとたん相手にがっかりされてしまうだろう。では「印象がよい声」とは、どのような声だろうか。

「伝わりやすい、明るく元気な声」「揺るぎない、説得力のある声」「響きのいい、ツヤのある声」

さまざまな場合に応じたこれらの声を手に入れることができれば、これまでのあなたの印象はガラリと変わるだろう。

「印象がよい声」とは、相手にあなたに対する信頼感を与え「この人は真剣に何かを伝えようとしてくれている」と思わせる、コミュニケーションには欠かせないツールなのである。この章では「より良いコミュニケーションをとるための発声などの方法について」言及していく。

◀1▶「印象がよい声」になるための「正しい呼吸」

(1) 正しい発声は正しい呼吸から

「正しい呼吸」についての理解を深めていきたい。まず呼吸とは、「吸気」と「呼気」に分けられる。そのどちらもが良い発声にとって極めて重要であり、表裏一体の関係にある。声楽家や管楽器奏者は、長いフレーズを豊かな響きで演奏するために、より多くの息を吸うこと、安定した息の流れをキープすることが求められる。浅い呼吸では良い響きを得ることはできないのである。聞いたことのある人も多いと思うが、深い呼吸をするためには「腹式呼吸」が有効である。「腹式呼吸」をマスターすれば、力強い声、深みのある声、ツヤのある声を出すことができる。腹式呼吸では、息を吸うとおなかが膨らむ。(胸式呼吸では、おなかは膨らまない)もちろんおなかに空気が入るわけではなく、おなかを膨らませることで、肺に空気を誘導しているのである。肺と、胃や腸などの内臓を隔てている横隔膜が下がることによって肺が下に伸び広がり、肺に空気が入ってくる。このとき胃や腸などの内臓が横隔膜に押し出されて、結果的におなかが膨らむのである。なお横隔膜は、自分で動かすことが困難な筋肉である。意識して動かそうとしても動かすことができず、よけいな力が入る原因になる。しゃっくりの時はもちろん、緊張すると勝手に縮み上がってしまう厄介な筋肉であるため、息を吸う時は「横隔膜を下げて肺を広げる」と意識するのではなく、「丹田を中心に大きな洋ナシ型の袋」に空気をためるイメージで吸うとよい。

(2) 丹田とは

「丹田」とは、へその下に軽く握ったげんこつを置いた辺りをいう。別名「チャクラ」ともいわれ、中国医学やインドのヨガでも、この部分を「心身一如の境地に至るための大切なポイント」としている。

(3) 良い呼吸は深い吸気から

深い吸気を得るためには、まず息をすべて吐き切ることが大切である。実際にやってみてもらいたい。息を吐くときは声を出さず、指先を温めるように掌に「Hー」と息を吐く。軽く「Hー」と吐いただけでは、吐ききれていない場合が多い。続けて「HっHっHっ」と吐き、最後に「Hー」と吐ききる。このように温かい息をしっかり手に吐ききると、へその少し上がへこんでいくのを感じるはずである。

次に息を「鼻から」吸い込む。吸うときは必ず、「丹田を中心に大きな洋ナシ型の袋」をイメージして、そこに空気を送り込む気持ちで吸う。おなかが膨らんでいない人は、肩や胸を張っていないか注意したい。「腹式呼吸」で大切なことは、「脱力」である。その証拠に眠っているときやあくびをしているとき、人は自然に深い呼吸ができている。リラックスして脱力ができていると、肺が膨らむ際、横隔膜が下がり、深い吸気を得ることができる。脱力ができていないと、横隔膜がロックされ、肺が膨らむことができず、浅い吸気にとどまる。良い発声というと、どうしても声を出すことばかりに目が行きがちだが、まずは深い吸気を得ることが良い発声のスタートと言える。

(4) 深い吸気から安定した呼気へ

たっぷり息を吸うことができたら、今度は声を出さず静かにゆっくりと「Hー」と吐く。息を吐くときは、母音は出さず息だけを吐く。これを「無声音」という。無声音とは、声帯が振動せず、喉に負担がかからない息の出し方である。吐く時間はおよそ15~20秒を目安にし、最後まで吐ききるようにする。

無声で腹式呼吸をするだけなら、「Hー」と温かい息にするだけで、自然に「正しい息の吐き方」になる。ところが、実際に声を出して発声すると、正しい吐き方ができなくなることが多い。しっかりとした力強い発声を生むための「正しい息の吐き方」については第2節で書いていく。

「印象がよい声」になるための「正しい発声」

(1) 安定した呼気を音に変えていく

良い呼吸が得られたら今度はそれを音にしていく作業になる。声帯を通った呼気が音に変換され、口の外に出ていく。このとき喉や首に力が入っていると、良い響きは得られず、首を締められたような詰まった声、いわゆる「喉声」（のどごえ）になってしまう。「喉声」を使い続けると以下のようなことになる。

・よく声がかすれる。
・すぐに喉が痛くなる。
・電話に出ると「寝起き?」とよく聞かれる。
・高い音がひっくりかえる。
・大きい声を出そうとすると、不自然に震える。
・喉に何か詰まったような抜けの悪さ、引っかかりを感じる。
・声を張ろうとするとキンキンと聞きづらい声になる。

このような自覚がある場合は、「喉声」の可能性を疑ってみるとよい。喉声の原因は、以下のことが挙げられる。

・首、肩など上半身に力が入っている。
・喉を閉じたり、舌で呼気の気道をふさいだりしている。
・「おなかで支えた声」になっていない。

それぞれの喉声の原因に応じた対策を解説していく。

（2）上半身の力を抜く

首や肩に力が入っていると、喉声になる。声を出す前に、よけいな力を抜くことが大切である。まず、口を大きく開けすぎていないかを確認する。口の開け過ぎは喉や首に力が入って喉声を誘発する。脚を肩幅くらいに開き、リラックスして立つ。頭頂部から糸が出て、体が上に引っ張られているとイメージする。膝裏の筋肉を緩め、ほんの少し膝を曲げた状態にすると肩の力が抜ける。

（3）喉が開く感覚

上半身の力が抜けても喉声が改善しない場合は、喉が閉じている可能性が高い。「喉が開く」感覚を掴むために、まずはあくびをしてみる。あくびをしているときの「喉が開く」感覚を覚えておきたい。正確には「あくびの最初」の状態である。あくびのピークから最後にかけては反対に喉が閉まっているため気をつける。

歌としゃべりの良い発声は同じではないことも併せて書いておく。しゃべりのプロを養成する学校などでも「舌の奥を強く下げる」ように教えられることが多い。それでは、オペラもどきのあくび声、こもった声、輪郭のぼけた声にしかならず、良い発声とは言えない。

上を向いた発声練習も「喉の開き」を確認するうえで有効である。「はぁー」と発声しながら上を向いていく。喉が閉まっている場合は、声が出なくなる。上を向いて発声しても声がかすれないようになったら、声を出したまま、少しずつ顔を前に向ける。この練習を繰り返せば「喉が開いた発声」は手に入れられるはずである。

（4）おなかから声を出すとは

「おなかから声を出しなさい」と言われた経験のある人は多いことだろう。しかし、おなかから声を出す、とはどういうことなのか、いまいちわかりにくい。従来の腹式呼吸の説明では、息を吐く時は「膨らんだおなかをへこませて吐く」と教えられてきた。ところがこれでは、肝心の「しっかりとした力強い発声」を生むための「吐く息をコントロールする呼吸」にはならない。膨らんだおなかをへこますだけでは、横隔膜の位置が「元の位置」に戻るだけで、「肺をペッチャンコにするイメージで息を吐ききる」までに至らないのである。では息を全て吐ききるほど横隔膜を持ち上げるには、どうすればよいのだろうか。

（5）笑うツボ

大笑いしたときにもっともおなかが動き、笑いすぎると痛くなる場所がある。へその少し上、みぞおちの少し下の中間の場所。私の師であり、ナレーターの篠原さなえ氏はこの場所を「笑うツボ」と命名した。この「笑うツボ」が、しっかりとした力強い発声をするための鍵となる。思い出してみてもらいたいのだが、大笑いしておなかが痛い時、息を吐ききっている感覚はないだろうか。実は、大笑いした時は、横隔膜が上がりきって、肺の中の空気を全て吐ききっているのである。この「笑うツボ」を意識して、ぐっと背中のほうへ、少し斜め下向きに押すようなつもりで息を吐いてみてもらいたい。普段の呼吸と比べて「最後の一滴まで絞り出せる」感覚を味わえるはずである。「笑うツボ」を意識すれば、「しっかりとした力強い息」を吐くことができる。強い息が吐けるようになれば、聞きとりやすい発声を手に入れることにつながり、さらには、サ行・ラ行などの滑舌もよくなる。子音については後述する。

逆に言えば、この「笑うツボ」からの強い呼気を手に入れられなければ、いつまで経っても聞きとりやすい大きな声を出すことはできないし、シャープなサ行や、動きのいいラ行も手に入れることはできない。「吸うときの丹田」「吐くときの笑うツボ」しっかりと押さえておきたい。

（6）子音に負けない息の流れ

日本語は母音と子音の組み合わせでできている。子音は唇や舌を使って、呼気の流れを止めたり、摩擦させたりしてつくられる。このような操作のことを「調音」といい、舌を当てるなどして調音をする場所のことを「調音点」という。舌や唇によって息の流れを止めるということは、それに負けない安定した息の流れが必須となる。話している途中に噛んでしまったり、口が回らなくなったりした経験はないだろうか。それは「笑うツボ」が使われないために、呼気圧が弱く、唇や舌でつくられる子音の抵抗に息が負けてしまっているために起こるのである。

以下6種類の子音についての説明である。

・破裂音：舌や唇で呼気をいったん閉鎖し、そこを破裂させ解放してつくる音
・摩擦音：舌や唇で狭い隙間をつくり、そこに呼気を摩擦させながら通してつくる音
・破擦音：舌や唇で呼気をいったん閉鎖し、そこを呼気で破裂させたあと、狭い隙間を通してつくる音（まさに破裂音と摩擦音が合体したような音）
・弾音（流音）：「ら行」のみに見られる、舌の先端で上歯茎を軽く弾いてつくる音
・鼻音：呼気をいったん閉鎖して鼻に向けたあと、そのまま鼻に抜かず、母音として口から出す音
・半母音：ふつうの子音のように唇や舌での閉鎖や摩擦を完全にはつくらず、しかし母音のように何の障害もなく口の外に出すわけでもない音。「わ」「や」「ゆ」「よ」がこれにあたる。「半子音」とも呼ばれる

◀３▶「印象のよい話し方」について

「別に機嫌は悪くないのに『怒ってる？』とよく聞かれる」そんな経験はないだろうか。この原因となっているのが「アクセント」である。「アクセント」を意識することによって、あなたの印象は劇的に変わるだろう。

（１）日本語は高低アクセントの言語

英語は強弱アクセントの言語であるが、日本語は高低アクセントの言語である。日本語は、頭高（あたまだか）、中高（なかだか）、尾高（おだか）、平板（へいばん）の４つの基本アクセントでできており、音の高い低いによって意味そのものが変わる。たとえば、あ／め（頭高）ならば雨になり、あ／め（尾高）ならば飴となる。この高低を上手に使い分けることが「印象のよい話し方」への鍵となる。

私たちナレーターは、音の高低を工夫しながら原稿を読んでいる。明るく元気なキャラの場合は、言葉の中の音の高低差を大きくつくり、落ち着いたキャラのときは、高低差を少し控えめに読む。こうすることでキャラクターの違いを明確に出すことができる。逆を言えば、普段から「不機嫌そう」に思われている人は、この音の高低差を、上にも下にもほとんどつけていない。音の高低をつけて読むには、相当のエネルギーを要する。そのエネルギーを省いてしまうから、覇気のない、暗い、不機嫌そうなしゃべりに聞こえてしまうのである。意識してもらいたいのは以下の３点である。

①　上げるべき音は明るくスッと上げる。
②　下げるべき音はしっかり下げる。
③　言葉に山谷のカーブをしっかりつける。

これだけで声の印象は大きく変わる。「上げるべき音」を上げ、「下げるべき音」を下げ、その高低差によって「言葉にカーブをつける」ということは、それだけ言葉にエネルギーを注いでいるということになる。そして、そのエネルギーは、聞いている相手にも伝わる。だからこそ、明るく、楽しげで、親しみを持てる声になるのだ。

（2）音の高低差を意識しよう

「すごい」「大きい」という言葉で考えてみよう。これは、「す／ご／い」「お／おき／い」という中高アクセントの単語である。独り言のように話すときは、「す／ご」「お／お」の上げ幅もほとんどなく、「ご／い」「き／い」の下げ幅も小さめで、かなり平たんになる。このように音の高低差がなくなればなくなるほど、相手に話しかける意識のまったくない、つまらなさそうな話し方になる。

一方、感動の度合いが高まれば高まるほど、声のボリュームとともに、音の高低差も大きくなる。こうすることで、感情の起伏や相手に対する思いを表現できるのである。

次に、返事をするときの「はい」で考えていく。「は／い」というのは頭高アクセントの単語である。このとき、「は／い」と下がることだけを意識してしまうと、暗い「はい」になってしまう。頭高アクセントの単語を話すときは、最初の音、この場合「は」を高い音で話し始める必要がある。低い音で話してしまうと、「不満があるがいやいややっている」ような「はい」になってしまう。だからと言って、高い声を出せば何でも良いというわけではない。「は」も「い」も高くしてしまえば、心のない嘘っぽい返事になる。軽々しい声、甲高い声の人は、このように、下げるべき音が中途半端で下がりきってない場合が多い。意識すべきことは、「言葉には全て、山と谷のある音のカーブをつける」ということである。「は」の音をスッと上がる明るい音で言い、「はい」の2音に、山と谷のある、音のカーブをつけることができれば、とても感じのいい「はい」にすることができる。

難しいことのように感じるかもしれないが、実は、よほどの「人嫌い」でない限り、普段友だちと会話しているときは、このような全体の音のカーブも、これにプラスした、細かなイントネーションの上げ下げもみんな自然にやっている。しかし、面接や上司と会話するなど緊張する場面、あるいは「ものを読む」と思うと、なぜか、この音のカーブが消えてしまう。すると、感情のないしゃべり、いわゆる「棒読み」になってしまうのである。

おわりに

「どうすれば良い声が出せますか?」と聞かれることがよくある。自分の声に自信の持てない人、コンプレックスを感じている人は意外と多い。自分の声や話し方に自信をもつことができれば、もっと積極的にコミュニケーションをとることができるようになる。また自信をもつことで余裕が生まれ、相手の話にじっくりと耳を傾けることができるようになる。アクセントを理解し、音の高低差をつけて話すことができれば、より感情を相手に伝えることができるようになる。また、相手の話し方から感情をキャッチすることもできるようになる。

たかが「声」、されど「声」。「声」や「話し方」を磨くことで、今まで以上にコミュニケーションが楽しくなる人が増えることを願ってやまない。なお、文字数の関係上、全てを網羅することはできなかった。興味のある人は、ぜひ以下の参考文献を手に取ってもらいたい。

参考文献

篠原さなえ［２０１２］『魅せる声」のつくり方』ブルーバックス。
篠原さなえ［２０１３］『人生が変わる声の出し方』すばる舎リンケージ。
篠原さなえ［２０１８］『日本人のための声がよくなる「舌力」のつくり方』ブルーバックス。

第4章 カウンセリングの場面より、さまざまなQ&Aについて ――親との子どもとの良いコミュニケーションの取り方――

◀1▶ 親子のコミュニケーションに悩む親たち

(1)「私の子育てが間違っているのでしょうか?」

カウンセリングを含む相談支援の現場では、大人・子ども問わずさまざまな方からの悩みに対応している。そして、その中には子育てに関する相談や子どもとのかかわり方に悩んでいるという相談も多い。そして、そういったからの相談（たいていの場合母親からの相談）では、「私の子育てが間違っているのでしょうか?」と私に質問されることがよくある。子ども本人から「こんな自分じゃダメですよね」と問いかけられることもある。

こうした場合、正解・不正解の回答をすることもできるが、そういった一問一答形式のような閉じた会話だとすぐに会話が途切れてしまう。どうしてかというと、質問に対してすぐにカウンセラー（以下、支援者）が「正解を言って」しまうと、その時点で親と支援者との関係性が「質問する人」「正解を言う人」になってしまい、相談支援の場が対話ではなくて単に正解を答えるだけのクイズゲームになってしまうからである。

(2) 子どもの発達という視点

こういった質問に対して、支援者が単純に「正解を言う」のではなく、親（もしくは子ども本人）がそうした質問をせざるを得なかった背景・事情をくみ取ったうえで適切に対応することが望ましい。そして、そのために必要な要素が2つある。1つめは、親もしくは子どもが「どうしてこの質問をしたのだろうか？」という質問の裏に隠れている背景・事情を支援者が知ろうとすること。2つめは、支援者が子どもの発達に対する基本的な理解・視点を持っておくことである。

代表的なものとしてエリクソンの心理社会的発達理論などがある（図４−１）。発達の視点・理解を支援者がもつことで、対人援助の専門家らしからぬエビデンスのない対応を防ぐことが期待できる。

(3) 望ましい親子のコミュニケーションのあり方

では、実際の相談支援の場面においての「親との会話」「子どもとの会話」を考えた場合、どういったコミュニケーションが望ましいのだろうか？　また、支援者にはどういう態度・対応が求められるのであろうか？

先ほど述べた1つめの要素「質問の裏に隠れている背景・事情を支援者が知ろうとすること」については、カウンセリングマインド（もしくはカウンセリング技法）の話になるので、詳しくは他章を参考にしていただきたい。2つめの要素「子どもの発達に対する基本的な理解・視点を持っておくこと」についてであるが、子どもの発達とひとくちに言っても子どもの段階によってその姿は全く違ったり、子ども一人一人の発達は個人差があったりすることに留意しなければならない。

そのため、第2節では子どもの発達をおおまかに3つの段階に分け、概要に触れたうえで、それぞれの発達段階にありがちな親からの質問とそれに対する対応についての理解を深めてい

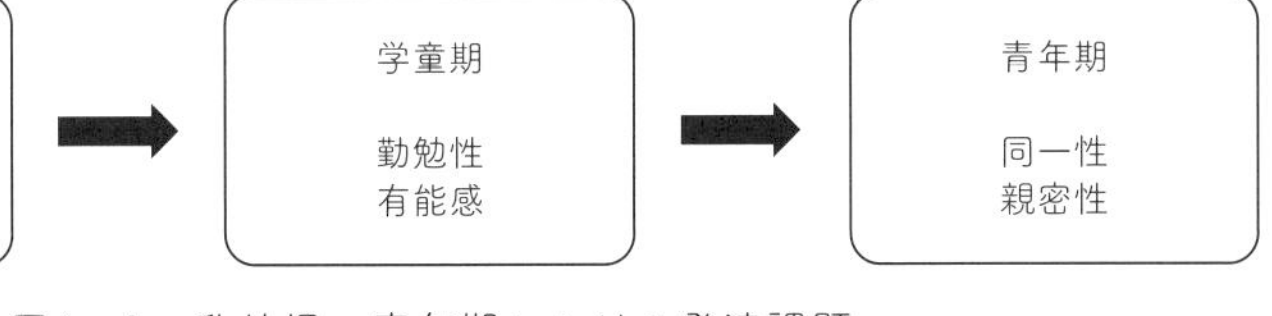

図4−1　乳幼児〜青年期における発達課題

出所）筆者作成.

きたい。

カウンセリングの現場から——よくある質問事例とその対応——

（1）乳幼児期の子どもと親

乳幼児期の子どもをもつ親にとって、子どもとの（ことばによる）会話ができない、または不十分にしかできないことに起因する悩みに陥りがちである。乳児期では喃語や単語での発語がみられるようになっても日本語としての意味は親や周囲の親にとっての意味と一致しないことが多い。また、幼児期になり会話ができるようになったとしても、子ども本人が本当に伝えたいことの意味を正しい日本語にあてはめて使いこなす能力についてはまだ習得途中であることが多く、親子の会話での「すれちがい（意味の取り違いによるコミュニケーションのズレ）」が起こることがしばしばある。

それゆえ、親からカウンセラーに寄せられる質問としては「私の子育てが変じゃないですか？」「子どもが泣き止まない」など、親が子どものノンバーバルコミュニケーション（非言語コミュニケーション）の意味を正しく汲み取れなかったことに起因する子育て不安、もしくは、子育てに関する知識・経験が不足していることに起因する子育て不安に類するものが往々にしてある。

また、子どもの発達段階における発達課題として愛着形成と自発性の獲得が挙げられる。かみ砕いて説明すると、親をはじめとする周囲の大人（おもに養育者）の関わりによって、子どもが他人に対して信頼できると思えているかどうか？　また、自分から遊びや他者への関わりをやってみようと思えるかどうか？　ということである。

このような視点をふまえて支援者は親子からの相談に対応する必要があるが、そのために必要なことは、親をはじめとする周囲の大人が子どもからのコミュニケーション（ノンバーバルコミュニケーションが多い）の意味を正しく理解することである。そして、親が何を理解できていて何を理解できていないのか？　を支援者がまとめ、整理整頓していく必要もある。そうでないとコミュニケーションとしてのキャッチボールが成立せず、子ども・親・支援者の三者がそれぞれに対してボールを投げつけあうだけになってしまう。

したがって、私が心がけている対応としては、まずは子どもが訴えていること、つまり子どもが発したノンバーバルコミュニケーションの意味を可能な限り正確に捉える。次いで、私が親に対して、「お子さんがあなたに伝えたいことは○○ではないかと思いますが、いかがですか？」というような表現で、子どもが親に対して伝えたかったであろう訴えの意味を伝え、親がその意味を理解することで双方向のコミュニケーションが成立し、その結果子どもへの愛情を親が感じることができるようサポートしていくのである。

つまり、親が「子どもが何を訴えているのか？」「何を伝えたかったのか？」を理解できれば、ほとんどの場合、親が自発的に子どもに対して何らかの関わり（声をかける、抱っこする、背中をトントンする……など）を行い、子どもはそれを受けて親に対して反応を返すという形で双方向のコミュニケーションが成立するのである。そして、必要があれば親に対して「それって、こういうことではないですか？」など言葉を添えていく。つまり、親子でのコミュニケーションが双方向に継続するようサポートするのである。

また、乳幼児期における発達は個人差がとても大きい。「私の子どもは発達障がいなんですか？」というような質問も比較的多い。発達障がいの疑いがある場合は公的機関（保健所やことばの教室、発達支援センターなど）に関する情報提供も行う場合があるが、親と子どもの関わりという視点で考えるならば、この対応だけでは不十分である。発達障がいの有無にかかわらず子どもそのものの存在は何1つ変わらないし、親子の日常は今後も続いていく。したがって、支援者は親が抱えている未来に対する子育て不安を少しでも取り除けるようサポートする必要がある。

つまり支援者に求められる対応は、先述の子どもが何を訴えたいのだろう？　何を言いたかったのだろう？　という視点を持ち、親と子どもの関わりを見守っていくこと。そして、必要に応じて「これって、子どもは○○と言いたがっているように私は感じますが、どう思われますか？」など、親が子どものノンバーバルコミュニケーションを正しく捉えることができるためのサポートをしていくことなのである。

以上のことをふまえると、乳幼児期の子どもと親とのコミュニケーションという視点から見たカウンセリングの現場における支援者の立ち位置は「家族関係の通訳者」といったところだろうか。

（2）学童期の子どもと親

子どもが学童期になると、言語能力や認識力が高まるとともに、学校をはじめとする集団生活を通して国語・算数などの教科学習が始まり、勤勉性や有能感が発達段階としての課題となる。また、人間関係においても、友達中心の仲間集団としてのかかわりが多くなり、いじめをはじめとする人間関係のトラブルも多くなる。

また、学童期後半になると抽象的思考が発達するため、教科学習もそれに合わせて抽象的なものへと変化するが、ここで発達に課題がある子どもは学習や人間関係についていけなくなったり、人間関係でトラブルになってしまったりという形で表出し、自閉スペクトラム症（ASD）、注意欠如・多動症（ADHD）などの発達障がい[1]であると医療機関で診断されたり、グレーゾーンが疑われたりする場合がある。二次障害として不登校・ひきこもり・家庭内暴力などの問題行動を引き起こす場合もあり、親にとって子どものありのままの姿を受けいれることが大きな課題となる場合がある。不登校の小中学生の人数は19万6127人[2]にのぼる。不登校の原因・要因については家庭環境・対人関係・学校の学習環境などさまざまなものがあるが、新型コロナの感染不安に伴う積極的不登校（選択的不登校という表現もある）も増加している。

学童期の子どもをもつ親からの相談や質問としては「どうすれば子どもは学校に行きますか？」「子どもの友人関係が気になります」などの相談が多い。こういった親子の対応をする時は基本的に親子分離面接を行う。まず親は別室で待機してもらい、子どもと2人きりで話を聴く。次いで子どもは別室で待機してもらい、代わりに親が入室する。そうすると、私と2人きりで話を聴く番になるといきなり「先生、子どもは何と言ってましたか？」と先程子どもが話した内容そのものを私に尋ねてくるケースもある。

こうしたケースに対応するためには、支援者が「子どもも一人の人格を持った個人であって親とは別の人格である」という視点を持っておく必要がある。つまり、親には保護者としての監護権が存在するが、それと同時に子ども自身の個人情報（ここでは、子どもが支援者に話した内容を指す）は原則、本人の許可なく親に言うことはできないし、それが必要な場合はまず子ども本人に許可を取るべきなのである。それと同時に、友人や学校の先生など家族以外の人間関係が絡むトラブルが生じている場合、必要に応じてスクールソーシャルワーカーや教育委員会などの公的機関を含む第三者の介入・調整が必要な場合もあり、これらをふまえたうえで、支援者は親と子どものコミュニケーションが円滑になるために必要な対話を行うことが望ましい。

また、支援者は親自身が子どもとの関わりが普段の生活でどの程度あるのか？　どういった内容の会話・やりとりがあるのか？　親と子どもの心理的距離は適切かどうか？　などに留意する必要がある。これは、心理的距離が近すぎるために親が子どもに対して過干渉になっている場合や、逆に心理的距離が遠すぎるために親が子どもに対して関心を示さないネグレクトの場合があるためである。

具体的な対応としては、子どもに対しては許可なく話した内容を親に言わないから安心してほしいということを伝える。秘密は守られるということを言葉ではっきり伝えておかないと子どもの立場としては安心して自分の気持ちや考えを他者（＝私）に話せないであろう。そして、子どもなりの考え・意見を持っているので、それを教えてもらい（あえて「教えてもらい」と表現した）、「どうしたら良いのだろう？」「こんな時、〇〇ちゃんだったらどうすると思う？」「どうなったら一番嬉しい？」など子どもに問いかけたり、一緒に考えたりしていく。子どもと私の対話であるが、あくまで主役は子どもなのである。

一方、親への対応であるが、まずは親が抱えている不安や焦り、怖れなどの感情を充分に受け止めていくことが必要である。子どもに対して言いたかったけど言えなかった事や、こんな気持ちを子どもに見せてはいけない、と親自身が自分に対して厳しいルールを課している場合もある。こうしたケースでは、まずはそういったルールでガチガチに凝り固まっている親のこころをほぐしてからでないと双方向のコミュニケーションや対話が難しいため、これまでの子育てへの苦労や苦悩を少しでも労い、分かち合い、共感するという形でのコミュニケーションを重視するのである。

以上のことをふまえると、学童期の子どもと親とのコミュニケーションという視点から見たカウンセリングの現場における私の立ち位置は「家族関係の調律者」といったところだろうか。

(3) 青年期の子どもと親

子どもにとって、青年期は現実世界と内面世界のギャップに葛藤し、どうやって折り合いをつけようか？　と苦悩しがちである。学習・進路・友人関係・異性への関心・親に対する反抗など、葛藤のテーマはさまざまな場面にある。また、こうした葛藤に耐えられずうつ病・摂食障害・過呼吸・ひきこもりなどのこころの病気・症状が生じる子どももいる。そういった危機ともいえる状況の中でアイデンティティー（同一性）を確立することや恋愛などを通して親密な人間関係を築くことが青年期の子どもにとっての大きな課題である。

また、親にとっても子どもの青年期はひとつの危機ということができる。子どもが反抗期になり、親子の会話・接点が減り（ほとんどゼロになる親子もいる）、子どもが一体何を考えているのかが分からない、もしくはコミュニケーションが成立しづらい状況が増えてくる。たとえば親が子どもに話しかけても無視されたり、逆に罵倒されたりするという状況が起こるのである。

これをひとつの家族システムとして捉えるならば、親子内の心理的な力関係のバランスが変わる時期こそが子どもの青年期なのである。それまでは親のほうが力関係で上の状態で家族のバランスを保っていたが、子どものもつ力のほうが親のそれを上回るようになり、家族の心理的なバランスが変化するのである。シーソーをイメージしていただけると理解しやすいであろう。今までは親の側にシーソーが傾いていたが、今度は子どもの側にシーソーが傾くのである。つまり、子どもが青年期になるということは、家族システムとしてこれを見た場合、これまでとは違う新しいバランスのとり方を模索しなければいけないということがいえよう。

青年期の子どもをもつ親からの相談内容は多種多様にわたる。学校関係・友人関係・家族関係・異性関係・ＳＮＳ上の対人関係・こころの病気・障害・犯罪被害などがある。近年認知されつつあるＨＳＰ・ＬＧＢＴＱなど個人の特性・自認に関する相談もある。親からよくある質問としては「子どもの話を聞いてやってもらえませんか？」「子どもにどう接したら良いか分かりません」「ちゃんと進学（または就職）できますかね？」といったものが比較的多いように感じる。

まずは子どもへの具体的な対応であるが、とりわけ反抗期の子どもの場合、子ども本人が大人に対する不信感や抵抗感を少なからず持っている場合が多いため、まずは見知らぬ大人である私と会ってくれたことそのものに対する感謝をことばで伝えることが多い。だからといってすぐに信頼関係が築けたり、子どもが心を開いて本音を語りだしたりするわけではないが、まずは子ども本人を一人前の人格を持った一人の人間として接する姿勢を心がけている。場合によっては、本人の意思で私に会っているわけではなく、他者（多くの場合は親）の意思により連れてこられただけという場合もある。その場合は私に会ったり対話を続けたりすることを強要しない判断も必要になる。

そして、いざ子ども本人が心を開くと、自分とは何者なのか？　なにをやりたいのか？　人間関係の葛藤をどう乗り越えたら良いのか？　というように、深い苦悩を話すようになる。死にたいぐらいの気持ちであるということをはっきりと言葉にして話す子どももいる。この時に私が心がけていることは、聞くとびっくりしたり、思わずたじろいでしまうような話が子ども本人の口から飛び出したとしても話を逸らしたりごまかしたりすることなく葛藤を抱えている子どもの姿ありのままを受け止め、正面から真剣に向きあうことである。死を意識しているような場面において表面的な取り繕いは通用しない。

子どもから見て、今、目の前にいる大人は本気で自分と向き合っているのかどうか？　はハッキリとお見通しである。したがって、私が子どもに対してできるコミュニケーションは、とにかく真剣に、全力で子どもに向き合い続けることぐらいしかない。

一方、親への具体的な対応についてであるが、子どもが青年期の場合、不安や焦りの感情に飲み込まれていて冷静さを失っているのは親のほうであることが多い。まずは親の不安や焦りなどの気持ちを共感的に受け止めていき、これまでの苦労を理解することに努めたり、いきさつや現在の状況などを客観的に振り返ったりすることができるようなコミュニケーションを心がけている。これまでの子育てが失敗だったのではないか？　という罪悪感や失敗感に苛まれている親も多い。

まずは支援者が親に対する苦労や苦悩を労い、寄り添い、充分なカタルシスがなされることによって、ようやく「これからどうしましょうか？」と、話題の焦点を未来に当てることができるようになる。子どもは子どもなりに自分自身の人生について考え、葛藤し、意見を持っているのと同様に、親も親なりに子どもの理想の大人像やこれまでの子育てに対する評価や人生の先輩としての意見・子どもに伝えたいことなどを持っているのである。親と子ども、それぞれの個性、立場、意見が尊重される場を提供し、家族のメンバーそれぞれが対話を続け、特定の誰かが我慢をしたり意見を言えなかったりしてあとにしこりが残ることがないように、全員が納得できる形の結論に至ることをゴールとするオープンダイアローグ的なコミュニケーションを心がけている。

以上のことをふまえると、青年期の子どもと親とのコミュニケーションという視点から見たカウンセリングの現場における私の立ち位置は「家族関係の伴走者」といったところだろうか。

◀3▶ 良いコミュニケーションの取り方とは？

（1）Q&Aから分かること

子どもの発達段階という視点で３つに区切り、子どもの発達をふまえた親からよくある質問とその対応について述べてきた。子どもの発達段階ごとに子どもに対するコミュニケーションのあり方、親に対するコミュニケーションのあり方が違うことを理解していただけたのではないだろうか。

子どもは皆、個人差があるものの、生まれた時から心身が発達・発育して、だんだんと大人へと成熟していく。時には子ども自身がその変化を自分で受け止めきれなかったり葛藤したりする時期があり、それは親にとっては子ども以上の葛藤を抱える場合があるのである。

ネイティブアメリカン（アメリカインディアン）の子育て４訓がある。「乳児はしっかり肌を離すな」「幼児は肌を離せ手を離すな」「少年は手を離せ目を離すな」「青年は目を離せ心を離すな」の４つである。子どもの成長に応じて、親は子どもへの接し方、つまりコミュニケーションのあり方を変えていかなければいけないということがこのことばの本質である。

余談であるが、私が以前お世話になった相談支援の職場では、当時の上司がこれにつづく２訓を付け足して人生６訓とし、私をはじめ職場の部下やケースとして関わった親子に対して温かく指導・対応しておられた。その２訓とは「（子どもが）大人になったら心を離して財布を離すな」「自分が老いたら財布を離して数珠を離すな」である。つまり、親は子どもが成人・独立した後は、何かあった時は助けてやりましょう、子どもが親世代となり自分自身が老いたら自分自身を完成させせましょう、というニュアンスであろう。「ゆりかごから墓場まで」の対人援助を数多く実践されてきたことがうかがえる、重みのある表現である。

(2) 根底にある本質とは何か？

ネイティブアメリカン（アメリカインディアン）の子育て4訓の話を持ち出したが、私個人的な考え方としては、これはまだコミュニケーションということを考えた時における本質的な部分とは言いきれないところがあるように思う。本質的な部分であるならば、ひとつのシンプルなことばでその全てを言い表すことができるのではないだろうか。

私なりの表現でその本質を表すことばとしては、信頼関係（ラポール）が1番しっくりくるように思う。子どもは日々成長し、変化し続ける。それに伴い親が子どもに取るべき態度やあり方も変化し続ける。しかし、どの発達段階の子ども、どの家庭においても、その親子のコミュニケーションが良いものであるかどうかの判断基準として、親子の信頼関係が築けているかどうか？　が重要ではないだろうか。

この信頼関係なくして他者に対する正確な理解や相手まるごとありのままを受容するということはあり得ない。自分のありのままを相手にまるごと受容されていると感じることができることでよりよい関係づくりができると私は考えている。

これは、支援者が今、目の前にいるクライアントに対してどう関わっていくのか？という問いかけに対しても同じことがいえるのではないだろうか。つまり、対人関係においてより良いコミュニケーションをするためにはお互いの信頼関係が築けているかどうか？　という評価基準は切っても切り離せないのである（図4－2）。

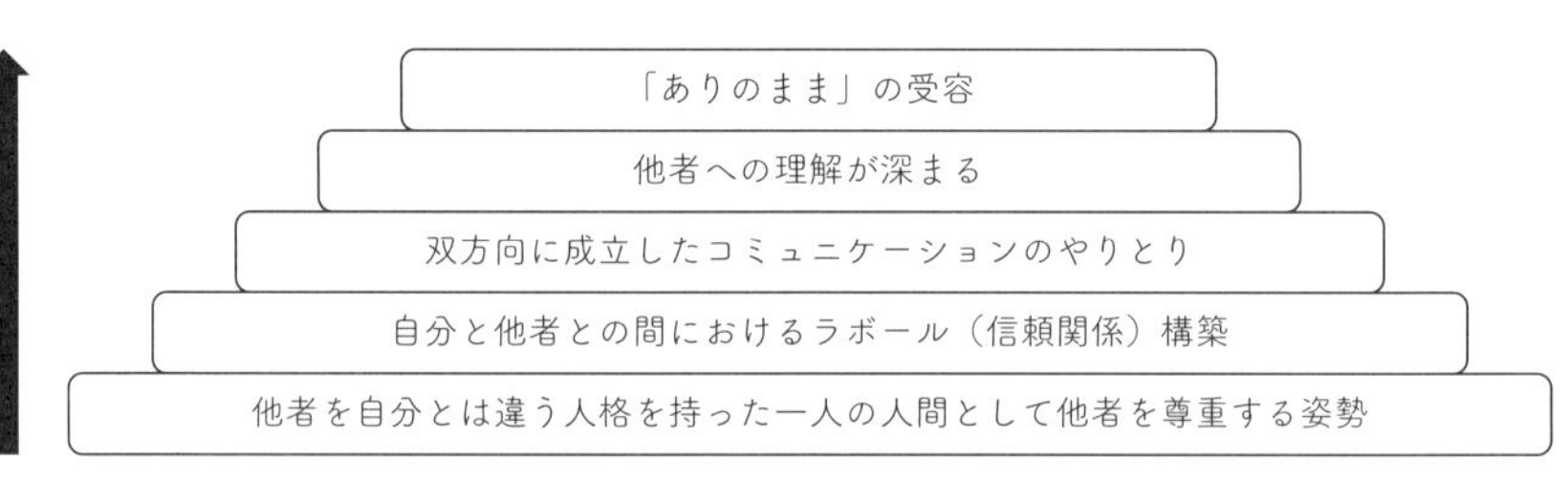

図4－2　よりよいコミュニケーションの実現度合い

出所）筆者作成.

（3）一人一人の人格を尊重する姿勢

そして、私がカウンセリングを学んでいた頃、恩師はよく「カウンセラーの存在そのものがクライアントにとってのお手本になるように」とおっしゃっていた。私が実際にカウンセラーとして悩みを抱えているクライアントに接する時、そして、プライベートの時間でも同じである。時には「カウンセラー」、時には「夫もしくは父親」としての自分を過ごすが、自分と相手との間の信頼関係が築けているかどうか？　と常に問われつづけているし、今後もずっと私が死ぬ瞬間まで問われ続けるだろう。

コミュニケーションは相手が存在するからこそ成立する。だから、今、目の前の相手との間にあるコミュニケーションが良いものと言えるかどうか？　は信頼関係が成立しているかどうか？　と言い換えることができるし、信頼関係が成立するためにはまず、自分自身が目の前の相手を自分とは違う人格を持った一人の人間として尊重する姿勢が大切なのである。

注

（1）DSM-5における診断分類にもとづいた表現である。

（2）文部科学省「子どもの発達段階ごとの特徴と重視すべき課題 児童生徒の問題行動・不登校など生徒指導上の諸課題に関する調査／令和2年度 児童生徒の問題行動・不登校など生徒指導上の諸課題に関する調査結果（令和2年度）4．小・中学校の長期欠席（不登校など）」（https://www.mext.go.jp/b_menu/shingi/chousa/shotou/053/gaiyou/attach/1283165.htme-stat. ２０２１年10月25日閲覧）。

参考文献

白石正久［１９９４］『発達の扉　上』かもがわ出版。
白石正久［１９９６］『発達の扉　下』かもがわ出版。
緒方和男編著［２００６］『家族の関わりから考える生涯発達心理学』北大路書房。
東山紘久［２００５］『プロカウンセラーのコミュニケーション術』創元社。

高橋三郎・大野裕監訳〔２０１４〕『DSM-5 精神疾患の診断・統計マニュアル』医学書院。

杉原保史〔２０１５〕『プロカウンセラーの共感の技術』創元社。

斎藤環著訳〔２０１５〕『オープンダイアローグとは何か』医学書院。

第5章 ケースワークとしてのコミュニケーション

はじめに

ケースワークは、個人に対するソーシャルワークの手法であり、技法である。ソーシャルワークの方法の中では最も早くに理論化された技術である。あらゆる方法レパートリーの中では最も基礎となる、展開手段である。グループワークも、コミュニティワークも、あるいはコミュニティ・ソーシャルワークといわれる今日におけるソーシャルワークのトレンドでさえも、まずはケースワークなくして成立しない。本章では、最初にその史的点描を簡単に紹介する。次になぜ求められるのか今日的意義を確かめる。続いてコミュニケーションに活用できる態度原則を論じ、出会いから別れまでの要諦を示すこととする。

◀1▶ ケースワークの史的点描

ケースワークの起源は、1869年の英国ロンドンで始まった「慈善組織協会（COS：Charity Organization Society）」の活動にまで遡る。その頃、産業革命によって資本主義体制が確立したが、それは富める者（富裕者）と貧しき者（貧困者）の格差を拡大した。しかし、急増する貧困者への対策は、濫救と漏救により不公平を極めた。そこで、「施しではなく、友愛を」をスローガンとする友愛訪問によって組織的、計画的に貧困者（貧困世帯）への救済が行われるようになり、貧困から抜け出せるような援助の取り組みが進められた。

　この活動は後年、米国において目覚ましい発展を遂げた。米国も英国と同じ目的をもって進められたが、貧困者への援助は、ボランティアの友愛訪問員から、有給の専門職員に変化した。つまり、この取り組みには科学的知識と技術の必要が認識されたのである。その基礎を作り上げたのは米国慈善組織協会の指導者リッチモンドであり、代表的な著作に『社会診断』（1917年）と『臨床福祉学』（1922年）がある。彼女は「ケースワークの母」であり、1915年にシカゴで開催された全国慈善矯正会議において「ケースワークとは、さまざまな人のために、また、さまざまの人とともに、また、彼ら自身の福祉と社会の改善を同時に達成するよう、彼らと協力して、さまざまのことを行う技術」という定義を残している。

　日本にケースワークが紹介された時期は1920年前後である。そして今日のケースワークはソーシャルワークに統合された形で論じられることが多い。ジェネラリスト・ソーシャルワーク、コミュニティ・ソーシャルワーク、ファミリー・ソーシャルワーク、スクール・ソーシャルワーク、リーガル・ソーシャルワークといった専門用語もよく扱われるようになった。そのなかでケースワークはそれらの基盤であり、実践の拠り所であり、基本をなす。馴染みの言葉になって定着し、日常的に用いられてもいる。そして、原理・原則はもちろんのこと、出会いから別れまで、すなわちインテーク（初回面接）からターミネーション（終結）までの実践知も、長い歴史的変遷の中で、多く蓄積されてきたといえる。ここでその全てを網羅して説明することはできないが、本章ではその一端を下地として示すことができればと考える。

◀2▶　今日のケースワークを学ぶ意義

　今日、ケースワークを学ぶ意義とは何であろうか。ケースワークという専門用語は、もはや20世紀末よりソーシャルワーク先進国の海外においては辞書にも収録されていない死語のような扱いであるが、日本に浸透、定着したものである。そして、愛着のある言葉でさえある。その証拠に最近でも、「ケースワーク」を冠した書物は発刊されている。(1)

さて、そのケースワークの基本的理解としては次の事柄が大切となる。

①ケースワークのケースとは、個人（家族）を指すだけでなく、いかなる個人（家族）にあたっても個別的に援助することを意味している。

②ワークとは仕事であり、労働であり、研究であるが、それは相手に対して一方的に行うものではない。

③ケースワークは、正式にはソーシャル・ケースワークといい、ここにいう社会的（ソーシャル）とは、人々の問題を社会と人間の双方の関係から捉えようとする態度である。

④ケースワークを行うには、相手に寄り添うことができなければならず、そのためには自分の身体・声・言葉が他者に開かれていなければならない。

⑤ケースワークは、日常生活における自分の価値観や性格傾向が援助の場面に持ち込まれるので、自分で自分のことをいかに理解しているかが問われる。

⑥ケースワークは万能ではない。他のソーシャルワークの方法レパートリーを駆使すること、他の福祉以外の技術の要請が時に求められる。

要約すると、ケースワークはある種の問題には適しているが、援助が可能な範囲は限られているということの限界を踏まえておく必要がある。

そんなケースワークであるが、その成立条件としての構成要素がある。それに関してはパールマンの影響が大きい。彼女のケースワークの構成要素は、仲村優一によって日本に紹介された有名な「４つのＰ」である。ただ、パールマン自身が「４つのＰ」というように整理したわけではなく、この表現は、仲村が名付け親である。今日わが国であたりまえの専門用語として通用している「4つのP」、すなわち、①人（person）、②問題（problem）、③場所（place）、④過程（process）は、いずれも英語の頭文字が「P」になることから覚えやすい。また、パールマンは1986年、新たに「2つのP」として、⑤専門職ワーカー（profession）、⑥制度・施策（provision）を追加した。これによって、「6つのP」と称することができる。なお、診断主義と機能主義の統合による問題解決アプローチの提唱者としても有名で、これは折衷主義といわれる。また、workとabilityの合成語であるワーカビリティという造語をつくり、サービスを利用して問題解決に取り組んで行くクライエント（利用者）の力を表現した。動機づけ（motivation）、能力（capacity）、機会（opportunity）で構成される問題解決への3つの要素はMCOモデルだ。

いずれにせよ、ケースワークが成立するか否かどうかについては、「4つのP」「6つのP」、これらの「P」のどれもが満たされていることが重要といえる。しかし、それだけで良いのだろうか。そもそもパールマンが「P」を2つ追加してから35年以上にもなる。そこで、「7つめ以降」の「P」を自分たちで探ってみるのも面白いかもしれない。

たとえば、ケースワークとしてのコミュニケーションで重要なのは受容と思われる。私たちがこの受容をしなければならないとき、相手の行動や考え方、発言や言い方に、自分が不満や嫌悪感を持ってしまうこともあるだろう。しかし、そうだとしても、私たちはその相手の人に親切に接することができるかどうか、親身になって気づかえるのかどうかが問われる。

実際、相手を受け入れることは容易ではないということもある。しかしながら、である。受け入れることはできなくても、もしかしたら受け止めることはできるかもしれない。人間は誰にでも尊厳があり、その人を尊敬はできなくても、尊重をしないとならないはずである。

このように考えると、受容は完全には達成することが不可能な絵空事であるといえるが、私たちは努力してみることで成長が見込まれる。すなわち、「進歩」（progress）ということができる。そして、そのための勉強会を企画することも考えられないだろうか。「推進」（promote）と言えそうだが、どうであろうか。

◀3▶　コミュニケーションにおける態度――バイステックの７つの原則――

そもそもケースワークを行う上での態度はどういうものであることが求められるのか。自分が相手にかかわる関係は援助の成否を決める重要な鍵といっても過言ではない。援助を必要としている人は、社会生活上の問題を抱えており、自尊心や他人に対する信頼感さえ失っている場合が少なくない。途方に暮れた状態である場合もある。ここでは、米国の社会福祉研究者のバイステックが提唱した７つの原則をコミュニケーションに欠くことのできない大事な態度と捉え、分かりやすく解説することとする。ちなみに、バイステックはイエズス会の神父・司祭。ＰＳＷ。博士（ソーシャルワーク）。イリノイ州生まれ。セントルイス大学で社会学の修士号を取得、ワシントンにあるカトリック大学でソーシャルワークの修士号と博士号を取得。クリーブランドでの高校教員を経て、ロヨラ大学に長年勤めた。

（1）個別化の原則

私たちは人間であるから、事務的に機械的に取り扱ってほしくないはずである。一人の人間として接してもらいたいのである。個別化とは、相手の個別性を理解して応対することである。その人に合った、その人に必要な、その人にとって意味ある援助とは何か。この世に同じ人は誰一人とて存在しない、誰もが一人一人かけがえのない存在、尊い存在であることを胸に刻んだ、個別的な理解と援助の姿勢といえる。

（2）意図的な感情表出の原則

私たちは怒り、悲しみ、恐れ、あるいは幸せなど、自分の気持ちをありのままに表したいはずである。意図的な感情表出とは、相手の感情を適切に表現してもらうことである。とりわけ、否定的な感情は、相手をますます苦境に立たすことにつながりかねないので、それを表現できるように励まし、意識的に受け止めていくことが大切である。

（3）統制された情緒的関与の原則

私たちは自分が表した気持ちについて、好意的な理解と応答がほしいはずである。つまり、共感してもらいたいのである。統制された情緒的関与とは、自分の感情を適切にコントロールして相手にかかわることである。身体・声・言葉の各メッセージが、相手への傾聴によって支えられることが何より必要である。相手の抱えた出来事と、出来事に伴う感情、あるいは気持ちに対して、それらを理解した上で的確に伝え返していくのである。

（4）受容の原則

私たちは人として、大切にされたい、価値のある人間として受け止めてほしいはずである。受容とは、相手を理解し受け止めることである。好き・嫌い、良い・悪いといった自分の価値判断をいったん脇に置いた上で相手を受け止めるのである。しかし、受容と是認とは異なる。反社会的、破壊的な行為を認めることとは違う。援助は、何が起こるか分からないが、その時々において、相手と歩調を合わせ、終始一貫して受け止めていくことが求められる。

（5）非審判的態度の原則

私たちは大なり小なり直面する問題を抱えるが、その問題に対しては善悪の価値判断をしてほしくないはずである。非審判的態度とは、相手を批判・非難しない態度で接することである。援助は、相手を追求することでも、行動を改めさせようとするものではない。相手は援助を受けること自体に苦痛を感じ、審判されることの恐れを抱いているかもしれない。相手が自由に語れるためには、相手を非難しないこと、馬鹿にしてはならないことが肝要である。

（6）クライエントの自己決定の原則

私たちは自分の生活のこと、一生の問題に関することについては、自分なりに結論を下したいはずである。自分で選び、自分で決められることは人間としての自然な姿である。クライエントの自己決定とは、相手が自分で自分のことを考え、判断し、納得ができるよう後押しすることである。しかし、現実には、相手の能力、他者との関係性により、限界があることも考慮しなければならない。

（7）秘密保持の原則

私たちは自分に関することとは、他者に知られたくないはずである。秘密保持とは、相手のプライバシーを守ることである。しかし、現実には、時に相手の了解を得ぬまま、情報提供する場合もある。もちろん、それは相手にとって最善の方法である場合に限られる。情報を得た双方に、ともに秘密保持の義務が生じる。

◀4▶　出会いから別れまでの原理・原則

インテーク（出会い、初回面接、受理面接）、アセスメント（事前評価）、プランニング（計画立案）、インターベンション（介入、サービス提供）、エバルエーション（事後評価）、ターミネーション（終結、別れ）、以上がケースワークにおける出会いから別れまでの流れである。エバルエーションの前にモニタリング（中間評価、点検）を入れる場合もあるが、ここでは含めない。前節で、コミュニケーションをするうえで踏まえるべき態度としてケースワークの著名な原則、バイステックの7つの原則を解説したが、この一連の流れの中で、どの局面においてもこれら原則は生かされるべきと考える。

さて、このバイステックの7つの原則のうち、私たちが最も重要だと思うものについて、その理由も含めて仲間と話し合ってみるのもよいかもしれない。また、この原則をバロメーターとして扱ってみるのも専門職者としてのコミュニケーション向上に役立つかもしれない。

しかし、留意しなければならないこともある。それはケースワークの各原則は、相互に関連しており、どれか1つを切り離して考えてみてはならないということである。たとえば、個別に対応しなければ受容できないはずである。また、受容するということは審判しないことであり、それは相手の自己決定に通ずる。さらにいえば、秘密を守るからこそ感情（気持ち）を安心して出せるのであり、より共感した関与が可能になるのであろう。

とはいえ、ケースワークとしてのコミュニケーションの原則は、あくまでも理想的な援助関係のあり方を提示したものであり、いつでもどこでも、この原則が貫けるほど簡単にはいかないであろう。しかし、ケースワークの原則は、対人援助の担い手が、どのような姿勢や態度を保てばよいのかの指針なり、目安であることは紛れもない事実といってよい。その意味では、各原則を、自己覚知や自己コントロールのためのバロメーターとして活用するのが望ましいし、是非活用していきたいものである。

なお、原理・原則といったものは以上述べてきたことだけにとどまるものではない。インテークからターミネーションにおける各局面では、原理・原則が大事になるのはもちろんであるが、その局面に特有なコミュニケーションを用いたポイントがある。そこで、「出会いから別れまでのケースワーク・コミュニケーションの要諦」を筆者なりに作表してみた（表5－1）。本表は必ずしも完璧なものとは言えないが、ケースワークとしてのコミュニケーションにおける大切な点を少しでもくみ取ってもらえたらと考える。

おわりに

最後に言及しておくべき事柄として、ケースワークとしてのコミュニケーションでは、言葉・身体・音声メッセージに留意することも忘れてはならないことを挙げておきたい。紙面の関係で詳細を挙げることはできないが、身体メッセージや音声メッセージはコミュニケーション全体の大部分の割合を占めるといって過言ではない。言葉メッセージはそれらに比べれば一握りに過ぎないのである。いずれにせよ、本章では、ケースワークとしてのコミュニケーションを、史的点描を踏まえることはもちろんだが、いまここで学ぶことの今日的意義がまったく薄れていないことにも言及した。そして、紹介した７つの原則は出会いから別れまでの各局面に共通して大切な態度となることを指摘した。ケースワーカーとしてのコミュニケーション上の大切な点が他にもないか、これからも追求していきたいものである。

付記

本稿は、谷川和昭・柳澤孝主編［２０２０］『相談援助演習［第４版］――ソーシャルワーク演習――【社会福祉士シリーズ21】』弘文堂に筆者が執筆した「個別援助（ケースワーク）」(pp.93-96) をベースに修正し、新たな知見を加えたものである。

注

（１）武田建・津田耕一［２０１６］、高山俊雄［２０１５］を参照。

参考文献

バイステック、Ｆ・Ｐ・［２００６］『ケースワークの原則―援助関係を形成する技法（新訳改訂版）』（尾崎新・福田俊子・原田和幸訳）、誠信書房。

高山俊雄編［２０１５］『現場で磨くケースワークの技』現代書館。

武田建・津田耕一編［２０１６］『ソーシャルワークとは何か――バイステックの７原則と社会福祉援助技術――』誠信書房。

吉弘淳一・横井一之編［２０１５］『事例で学ぶスーパービジョン』建帛社。

ケースワーク・コミュニケーションの要諦

インターベンション	エバルエーション	ターミネーション
・処遇ではなく「介入」 相手の生活重視の立場から。 【アドボカシー】 ・代弁機能 ・利用者の権利擁護をする。 【アウトリーチ】 ・「声なき声」の掘り起こし。自分から赴いたり、働きかけする。 ① 問題への気づきがない 「このままでよい」 「××のせいでこうなった」 他者の問題のように認識 ② 社会的支援に関する情報不足、制度の知識不足、スティグマによる躊躇 ③ 機関・施設に対する拒否感 【援助の方法】 ① 緊急対応 緊急避難的な判断で援助開始。 ② 相手への働きかけ 再発防止に向けて、原因・要因を説明し、何故そうなるのか、問題の気づきを促す（再発防止）。 ③ 面接 ・傾聴を大事にする。 ・身体・音声・言葉メッセージに留意する。 ・信頼関係（ラポール）は、話し手の態度・表現から生まれる。 【環境への働きかけ】 ・社会資源の検討（フォーマルな資源とインフォーマルな資源）。 ・利用の有無、可否の検討。 ・家族などの人間関係の改善。 ・一人ですべて解決しない	・援助を終えた後の事後評価。 【援助の評価】 ・利用者の権利が守られているか。 ・援助についての振り返り。 ・新たな社会資源の有無の検討。 ・設定した目標を達成しているか。 ・効果測定、シングルシステムデザイン。介入前と介入後の違い。 ・計画内容に固執しない、相手の歩幅に合わせ、評価の合意を得るまで、話し合い、調整する。 【評価データ】 ・量的・質的情報の両方が含まれるべき。 ・口頭での要約、図やグラフのような視覚的な工夫。 ・いろいろな状態を示している顔の絵記号も役立つ。	・援助の終結（相手のの自立）。 ・終結の条件 ① 問題の解決 ② 問題解決の判断一致 ③ 今後の問題に相手が対応可能 ④ 双方合意、共通理解 ・終結の意義 関係継続は、依存の原因となるため、意図的に終結準備をする。 ・終結に向けての準備 ① 面接期間を空ける ② その間、何があったかを話し合う ③ 終結期が近いことを告げる ④ 終結するまでにすべき課題を明確にする 【終結における援助】 ・問題解決の評価 ① どのような問題で ② どのような資源を ③ いかに利用したか ・残された課題 すべての問題を課題とせず、今ここからの問題について、解決への道筋を話し合う。 ・再相談の可能性 再び相談できる旨、機会あるごとに声かけ。

表５－１　出会いから別れまでの

原理・原則	インテーク	アセスメント	プランニング
【共に変わってゆく相互変容性】 相互自己実現が本質。 【過程に関する考え方】 ① 援助が開始されてからの時間的経過の重視 ② クライエント（相手）が問題解決の主役。自分は黒子、縁の下の力持ち 【ワーカビリティ】 相談に来られても解決できる能力や意欲（ワーカビリティ）がなければ、相談に来なくなる場合がある。 【ヘルパーセラピーの原則】 援助するものが最も援助される。 【バイステックの七原則】 ① 個別化 ② 意図的な感情表出 相手が自分自身の感情を自由に表現できるよう意図的にかかわる。 ③ 統制された情緒的関与 相手の「共感してもらいたい」という基本的欲求を満たそうとする。 ④ 受容 受け止める。 ⑤ 非審判的態度 相手を一方的に非難しない。 ⑥ 利用者の自己決定 ⑦ 秘密保持	・初回面接、電話相談、メール相談。 ・問題が持ち込まれた時点での相談。 ・この段階で援助を一部開始する。 ・どのような言葉を使って自己紹介するか。 【二重の不安への対応】 ・問題解決できない状況に混乱し、生活に不安。 ・問題と思ってもらえないかもしれない不安。 ① 傾聴し不安を和らげる ② 相手が問題を整理できるよう意欲を高める ③ 相手とのラポール（信頼関係）をつくる ［注意点］ 過度な感情移入はしない。安易な請負は、相手に不要な期待（依存）をもたせ、不信につながる。 【インテーク機能】 ① 情報収集と問題明確化 ・基本情報（家族構成・住所など）を収集し、主訴を明らかにする。 ・ニーズと主訴が違う時、アセスメントから共同作業で明らかにしていく。 ② 役割と援助内容の明確化 ・自分の所属する機関などの役割と自身の限界。 ③ 他機関への送致 ④ 他担当者との引継	・援助開始前の事前評価。 ・相手が直面している問題や状況の本質・原因・経過を理解。 ・相手に参加してもらい、自身で問題点が認識できるようにしていく。 【情報の収集】 ① 相手の理解 ・他の専門家などからの情報収集の必要性を説明し、連携する機関などを知っていただく。 ・相手の生活歴やその人固有の文化の理解。 ② 相手の家族の理解 ・家庭内の相手の位置 ・協力体制の有無 ・問題の相異、 相手と家族の相異 時に全く対極の場合 ③ 相手を取り巻く環境の情報収集 ・インフォーマルな資源とフォーマルな資源 ④ ストレングスの理解 ・性格、技能／才能、環境面のストレングス、関心／願望などの強み。 ⑤ エコマップの作成 ・社会関係地図（生態地図）により見える化。 ・利用者を取り巻く人間関係や社会資源の関わりを客観的に整理できるため、客観視しやすく問題の所在に気づきやすい。	・援助計画の作成。 ・問題解決の手順を明確にし相手が主体的に行動できるよう計画する。 【ストレングスの活用】 ・相手に参加してもらい、解決方法を自己決定することにより、解決意思や意欲を持っていただく。 【インフォームド･コンセント】 ・相手の合意を得る。 ・相手を尊重した計画を作成する。 【援助計画立案の課題】 ① 私たちの目標は何か？ ② 望ましい変化のためには何が必要か？ ③ その望ましい変化をどのように達成するか？ ④ その目標が達成されたことをどのようにして把握するのか？

出所）新潟福祉医療専門学校通信教育部社会福祉士通信学科の2000年度スクーリングにおける配布資料（西口 守先生作成）をベースに修正かつその後の知見を加えて筆者作成。

第章　地域子育て支援としてのコミュニケーション

はじめに

地域子育て支援の場では、訪れた親子を職員があたたかな笑顔で迎え入れる。「今日は暑いわね」、「○○ちゃん、歩けるようになったの!?　すごい!」、「○○さん、おなか、ずいぶん大きくなって大変でしょう、今何か月?」など、何気ないコミュニケーションを通して親子が安心して遊べる場所や時間を提供している。

このような子育て支援の場の職員による声掛けは、ソーシャルワークなどの専門性に基づいている。職員が専門性に基づいたコミュニケーション力を発揮することで、親子にとって安心して過ごせる「居場所」ができるのである。さらに、職員は親子と築いた援助関係を基盤とし、個々の親子の置かれている状況を把握することで、必要な時に必要な支援につなぐ。

本章では、このような地域子育て支援の場の職員による専門性に基づいたコミュニケーションについて学ぶこととする。

◀1▶ 子育て支援の場で実施されている専門性に基づいたコミュニケーション

(1) 子育て支援の場でコミュニケーション技法を用いて援助関係を築くことの大切さ

昨今、日本の母親は厳しい環境の中で一手に子育ての責任を引き受けていると言われている。2016年1月に放送されたNHKスペシャル「ママたちが非常事態!?――最新科学で迫るニッポンの子育て――」では、「なんの地獄かと思った」［NHKスペシャル取材班、2016］という、精神的にも体力的にも子育てで追い詰められた母親の悲痛な叫びが紹介され、世の母親から大きな反響を得た。

我が国の母親の子育て負担が大きいことは、国際的な家事・育児に要する時間の調査からも明らかで、6歳未満の子どもをもつ夫婦の家事・育児関連時間は、日本、アメリカ、イギリス、フランス、ドイツ、スウェーデン、ノルウェーの中で、日本の妻はもっとも長い7時間34分に対し、日本の夫はもっとも短い1時間23分である。我が国の母親は、パートナー以外に頼れる人が少ないという問題もある。NPO法人全国ひろば連絡協議会によると、自分自身が生まれ育った市町村以外で子育てをする「アウェイ育児」状態の母親は72％にものぼり、アウェイ育児の母親の多くは身近に子どもを預かってくれる人がいない。

このような厳しい環境の中で子育てをしていることも関連して、育児に自信がもてない母親は多く、たとえば、ベネッセ次世代育成研究所［2012］の調査によると、「子どもがうまく育っているか不安になる」という質問に対して、「あてはまる」、「ややあてはまる」に回答した母親は48・0％にものぼる。

上記で示したような子育ての孤立やこれに伴うさまざまな問題を予防するため、地域子育て支援の場の職員は、専門性に基づいたコミュニケーション力を発揮して利用者を支援する必要がある。

（2）バイスティックの7原則から学ぶコミュニケーションの前提となる姿勢

コミュニケーション力は、個人の資質や能力によるところもあるが、それだけでは不十分である。専門職としてコミュニケーション力を発揮するためには、コミュニケーションの前提となる対人援助のための姿勢について理解する必要がある。ここでは、バイスティックの7原則から、子育て支援の場で大切にされているコミュニケーションの前提となる姿勢を学ぶ。

①個別化

個別化とは、利用者を一人の人として尊重する姿勢のことである。女性は母親になると「お母さん」と一括りで見られることが多くなる。「お母さん」としてではなく、「一人の人」としてあなたを見ていますという姿勢を示すために、たとえば、「お母さん」ではなく、「○○さん」と呼びかけることを意識している現場もある。

②意図的な感情の表出

意図的な感情の表出とは、利用者の感情、とくに否定的な感情を表現したい気持ちを受け止める姿勢のことである。子育て支援の場に来るとき、利用者は援助者に親として失格であると思われないか不安になっていることがある。少しでもよい親に見られたいために、子育てのしんどさを表現できないのである。そのため、あなたの子育てに対するしんどさやネガティブな気持ちをもつことも受け止めるという姿勢を示すことが重要である。ここで大切なのは、利用者にただ単にネガティブな感情を表現してもらえればよいのではなく、よい援助のために促すということである。そして、子どもの成長を一緒に喜ぶといったポジティブな感情を表出する場を提供することも同様に大切である。

③ 統制された情緒的関与

統制された情緒的関与とは、援助者が自分自身の価値観や考え方を自覚して援助にあたるということである。援助者も人間なので、利用者と話をしていると感情が揺れ動くことがある。たとえば、自身が幼少期に虐待的な環境で育っていた場合、親の「ついイライラして子どもを叩いてしまう」という相談に、幼少期の自分と目の前にいる親子を重ね、感情に任せて親を責める可能性がある。このように援助の目的を見失った対応をしないために、自分自身という人間に対してよく知っておき、不用意に利用者を傷つけないようにする必要がある。自分自身のことをよく知ることを自己覚知という。

④ 受　容

受容とは、利用者をありのまま受け入れることである。利用者にはさまざまな人がいるが、まずは利用者をありのまま受け入れるような包容力が求められる。存在そのものを受け止められている感覚は、親子に安心感を与えることができ、子育て支援の場が良い時も悪い時も過ごしたい場所になる。

⑤ 非審判的態度

非審判的態度とは、援助者は自分自身の考えで利用者を判断しないということである。利用者は子育てのやり方などについて、職員から良いとか悪いとか、審判的な態度を取られていると感じると、安心して子育て支援の場に来ることができなくなってしまう。また、援助者が利用者のことを自身の価値観に基づいて審判してしまうとき、たいてい表面的なところしか見えていないものである。

⑥ 利用者の自己決定

利用者の自己決定とは、援助者がさまざまな提案をしたとしても、最終的な決定は利用者がするということである。援助者はさまざまな専門的知識を用いて利用者にとって有益であると考えるサービスを紹介し、アドバイスをする。しかし、援助者の提案を採用するか決めるのは利用者本人である。本人以上に自身のことをよくわかっている人はいないため、ほとんどの場合本人が決めたことが最善の選択である。

⑦ 秘密保持

秘密保持とは、原則として、利用者から得た情報は他者に漏らさないということである。当然、だれがどこに住んでいるか、妊娠中かどうかなど、個人的な情報を職員は他の親子に伝えるべきではない。このようなことをしてしまうと、利用者は援助者と安心して話すことができなくなる。しかし、秘密保持は絶対的なものでなく、利用者にとって必要な場合、たとえば虐待がある、ＤＶがあるなど、他の専門職や機関と情報共有することが利用者の最善の利益につながる場合はこの限りではない。

◀2▶　基本的応答技法を用いた支援

基本的応答技法とは、円滑にコミュニケーションをとるための技法である。表6－1には、基本的な応答技法と、子育て支援の場での使い方の例を示した。

表６－１　基本的応答技法と子育て支援現場での使用例

分類	応答技法名	意味	例
① 内容の反射	単純な反射	利用者と同じ言葉を繰り返す	母 ：この子、おなかすいているみたい 職員：おなかがすいているみたいね
	言い換え	利用者の言葉を援助者の言葉で言い換えて反射する	母 ：なかなか眠る時間がとれなくって 職員：寝不足なんですね
	要約	利用者が語ったことを要約して反射する	母 ：せっかく作った離乳食……毎回捨てていて 職員：作った離乳食を食べてくれないのね
	明確化	利用者が語ったことを明確にして示す	母 ：急いでいる時に限って、なんかこう、暴れたり泣いたり…… 職員：忙しい時に限って言うことを聞いてくれないのね
② 感情の反射に関するもの	感情の反射	利用者が語った感情をそのまま反射する	母 ：もう最近しんどくって 職員：最近しんどいんですね
	感情の受容	利用者が語った感情を受け入れて反射する	母 ：もういーってなって、子育てやめたいってなるときもあります 職員：そうよね、毎日頑張って、大変で、子育てやめたくなる時ってありますよね
	感情の明確化	利用者が語った感情を明確にして示す	母 ：なんだろう…無理して、こだわって、手作りする必要はないかなとか 職員：無理しなくても、上手に市販品に頼るのも大事よね
③ 適切な質問	開いた質問	はい、いいえ以上の具体的なことが語れる質問をする	職員：何をしている時が一番リラックスできますか
	閉じた質問	はい、いいえで答えられる質問をする	職員：近くに頼れる人はいますか
	状況に即した質問	会話の流れに応じた質問をする	母 ：最近この近くに引っ越してきたばかりなんです 職員：どこから越してこられたのですか
	避けるべき質問に関する認識	会話の支障となる質問を避ける	職員：まだ離乳食をはじめていないの
④ 情緒的な支持	情緒的な支持の提示	利用者を支えたいという気持ちを込めた語りかけ	職員：あなたの力になれることを一緒に考えたいと思います
⑤ 直接的なメッセージの伝達	I（アイ）メッセージ	「私は」ではじめる直接的、主観的メッセージを伝える	職員：あなたはとても頑張っていると思いますよ

出所）山辺朗子（2003）『ワークブック社会福祉援助技術演習② 個人とのソーシャルワーク』ミネルヴァ書房、p.70に筆者加筆修正。

（1）内容の反射

内容の反射とは、単純な反射、言い換え、要約、明確化などを通して、「あなたの話をよく聞いている」ということを示す方法である。

利用者の言葉をそのまま使用することもあれば、言い換えたり、利用者の言いたいこと整理して要約するような場合がある。

（2）感情の反射に関するもの

感情の反射とは、内容ではなく、利用者の気持ちを反射するという特徴がある。感情の反射をすることによって、利用者は援助者に「気持ちを受け止めてもらえた」と実感することができる。

（3）適切な質問

適切な質問とは、会話の流れに沿いながら、そして利用者の精神的な負担にならないように配慮しながらおこなう質問である。

「開いた質問」は、はい、いいえを超えた話を引き出すときに、「閉じた質問」は、はい、いいえでの答えを引き出すときに使用するが、会話が単調にならず、また負担なく利用者の気持ちを引き出すためには、開いた質問と閉じた質問をうまく会話の中で織り交ぜる必要がある。また、質問は会話の流れを大切に、そして利用者の気持ちに寄り添うことが大切で、利用者を責めるような質問や、利用者がいやな気持ちになるような質問は避ける必要がある。

（4）情緒的な支持

情緒的な支持とは、利用者を受け止めたいという気持ちを全面に出したり、語りかけたりする方法であり、「一緒にどうしたらよいか考えましょう」、「あなたのことを助けたいと思っています」といった、寄り添った語りかけである。このような言葉は利用者の職員を信頼してみようという感情を引き出すと言える。

（5）直接的なメッセージの伝達

直接的なメッセージの伝達として、Ｉ（アイ）メッセージがある。Ｉ（アイ）メッセージは、専門職としてだけでなく、一人の人として「私はこう思う」という気持ちを伝えるものである。援助者と利用者という関係を超えて利用者を支持するメッセージは、利用者の心に響く。必ず「〝私は〟○○と思いますよ」というように、「私は」と伝えるところがポイントである。

子育て支援の場でのコミュニケーションの実際

（1）ステップ１　援助者と利用者の関係づくり

事例１　子育て支援の場での初回利用者対応

職員：おはようございます！　はじめてですか？

母親：はじめてです……

職員：はじめてなんですね！　よくきてくれましたね！　赤ちゃん、かわいい、今何か月ですか？

母親：５か月です。まだ寝がえりもできなくて……５か月くらいの赤ちゃんでも連れてこられるお母さんはいますか？

職員：もちろん！2人目さんとかだったら、1か月とかでも来ていますよ！
母親：そうなんですね！チラシをいただいていて、行きたいなと思っていたんですけれど、まだこの子も動けないし、何か月くらいから来ていいものなのかもわからなくて……
職員：そうですよね！　最初はどんなところかもわからないし不安ですよね。お名前はなんて言いますか？
母親：メイです。
職員：メイちゃん、かわいい、メイちゃん、おもちゃいっぱいあるよ！

事例1は、子育て支援の場にはじめて訪れた利用者に対する対応を示した事例である。
子育て支援の場をはじめて訪れる利用者は、第一子を授かったばかりで、子育て支援の場がどういうところなのか、どのように過ごせばよいのか十分にイメージできず、不安な気持ちを抱えてやってくることが多い。そのため、職員はまずあたたかく利用者を迎えいれること、丁寧に子育て支援の場について説明することが求められる。もし職員が忙しそうにしていたり、そっけない態度であったりした場合、二度と訪れたいとは思ってもらえないだろう。だからこそ、ゆったりとした態度でコミュニケーションをとること、バイスティックの7原則に示されるような姿勢で、かつ基本的応答技法を駆使して安心して利用できる場であることを伝える必要がある。

(2) ステップ2　利用者同士の関係づくり

事例2　利用者同士をつなげる

職　員：佐藤さん！　こんにちは、リンくんまた大きくなったんちゃう？　今何か月？

佐藤さん：7か月です。今離乳食あげてるんですけど、なかなか食べてくれなくて困ってて。

職　員：ね～、離乳食大変よねぇ、せっかく作っても食べてくれへんかったり。そうや、鈴木さん～、ユイちゃん離乳食どうしてた？　食べない時。こちらの佐藤さんが、赤ちゃんなかなか食べてくれないって困ってて。私はずいぶん前のことで忘れちゃったのよ。

鈴木さん：佐藤さんですか？　こんにちは、鈴木です。今赤ちゃん何か月ですか？

佐藤さん：今7か月なんですけど、なかなか離乳食進んでなくて……ぜんぜん食べてくれないんですよー。量とかも増えなくて。

鈴木さん：うちの子11か月なんですけど、うちも全然食べないですよー、せっかく作ったのにって感じですよね。

佐藤さん：そうなんです！　私がなんか悪いんかなと思って……

鈴木さん：そんなに思いつめなくて大丈夫ですよ！　私もココでいろんなママに聞いたんですけど、やっぱり食べない子は食べないみたいで……大変ですよね。

佐藤さん：本当に！　もうイライラしちゃって。そしたら余計食べなくて!!

鈴木さん：わかりますー！

事例2は、職員が利用者と利用者をつなげる役割を果たしている事例である。子育て支援の場は利用者がそれぞれ好きな時間に訪れ、一定時間をそこで過ごしたあとに帰っていく。親子同士は簡単に挨拶を交わしたり、会話したりすることもあるが、他の親子とコミュニケーションを取りたいと考えていても、うまく話しかけられない人もいる。そのため、職員は利用者に積極的に話しかけるとともに、適宜利用者と利用者をつなげるような役割が求められる。今回は離乳食に関する相談であるが、利用者同士をつなげることで、新たな関係がうまれつつある。

（3）ステップ3　利用者の困りごとに気づく

事例3　支援の必要性に気付いた時の対応

職　　員：山田さん、こんにちは！　久しぶりね！　ショウくんも大きくなって。
山田さん：こんにちは……。ちょっと最近大変で。
職　　員：あらそれは大変だったわね。
山田さん：……。
職　　員：ちょっとお部屋でお話しましょうか。
山田さん：はい……。

——

職　　員：最近、顔見ないから心配していたのよ。
山田さん：ありがとうございます……。実は、夫から暴力を受けていて。見てください、腕にあざができちゃって。
職　　員：そうだったんですね。大変でしたね、今日はよく来てくれましたね。

山田さん：はい、家から出たいんですけれど、仕事もやめてしまっているし、もうどうしていいかわからなくて。
職　員：よく話してくださいましたね。
山田さん：私が妻として至らないから仕方ないんですけど。
職　員：私は、あなたは悪くないと思いますよ。婦人相談所を紹介するなど、できることがあります。まずは一緒にどうすればいいか考えませんか。
山田さん：ありがとうございます。まだ夫が考え直してくれるのではないかと期待している自分もいて。
職　員：そうですね。山田さんの気持ちを大切にしながら一緒に考えましょう。山田さんは一人ではないですよ。
山田さん：ありがとうございます。今日、来てよかったです。

事例３は利用者が生活において困りごとを抱えていて、介入が必要な状況である。利用者からは、「夫から暴力を受けている」という相談があった。この相談を引き出したということは、それまでに職員は利用者との間に援助関係を築けていたということである。つまり、利用者の困りごとに気づいて支援するためには、生活の課題がない状態の時から利用者の状況をよく観察し、必要な時に手を差し伸べられるような援助関係を築いていく必要があるということである。そのためには、利用者に関する情報を文書などでまとめておく必要がある。いつだれとどんな話をしたのか、個々の親子の情報について職員同士が情報共有できるシステムを築くことも重要である。

おわりに

子育て支援としてのコミュニケーションは、決して個人の力量や能力だけに頼ったものではなく、専門職としての価値、知識、技術に基づいて実施される必要がある。

子育て支援として職員が実施しているコミュニケーションの方法は、たとえば近隣の子育て家庭を助ける時にも参考になる。もう一度子育て家庭を地域社会で支えていく環境を構築するために、地域住民がおせっかいのレベルを超えたコミュニケーションのあり方について学ぶことも必要かもしれない。

参考文献

ＮＨＫスペシャル取材班［２０１６］『ママたちが非常事態!? 最新科学で読み解くニッポンの子育て』ポプラ社。

子育てひろば全国連絡協議会［２０１６］「地域子育て支援拠点事業に関するアンケート調査２０１５地域子育て支援拠点における「つながり」に関する調査研究事業 報告書」資料。

内閣府［２０１９］『令和元年版少子化社会対策白書』日経印刷。

ベネッセ次世代育成研究所（２０１２）「はじめての育児生活　宮本幸子」『第2回　妊娠出産子育て基本調査（横断調査）報告書』。

山辺朗子［２００３］『ワークブック社会福祉援助技術演習②個人とのソーシャルワーク』ミネルヴァ書房。

Biestek. F. P［1957］*Casework Relationship*. Loyola University Press（尾崎新・原田和幸・福田俊子訳『ケースワークの原則――援助関係を形成する技法――』誠信書房、２００６年）.

第章 ソーシャルワーク専門職としてのコミュニケーション

 ソーシャルワーク専門職とは

2014（平成26）年7月に国際ソーシャルワーカー連盟（IFSW：International Federation of Social Work）および国際ソーシャルワーク学校連盟（IAASSW：International Association of Schools of Social Work）のメルボルン総会が開催されている。そこで、ソーシャルワーク専門職にかかわる「ソーシャルワーク専門職のグローバル定義」が採択され、以下のように示されている。

> ソーシャルワークは、社会変革と社会開発、社会的結束、および人々のエンパワメントと開放を促進する、実践に基づいた専門職であり学問である。
> 社会正義、人権、集団的責任、および多様性尊重の諸原理は、ソーシャルワークの中核をなす。ソーシャルワークの理論、社会科学、人文学および地域・民族固有の知を基盤として、ソーシャルワークは、生活課題に取り組みウェルビーイングを高めるよう、人々やさまざまな構造に働きかける。
> この定義は、各国および世界の各地域で展開してもよい。

「ソーシャルワーク専門職のグローバル定義」の冒頭箇所に「ソーシャルワークは、社会変革と社会開発、社会的結束、および人々のエンパワメントと解放を促進する、実践に基づいた専門職であり学問である」とあることから、ソーシャ

ルワーク専門職が、「社会変革」、「社会開発」、「社会的結束」、「エンパワメント」、「解放」を促進する実践の担い手であると読み取れる。

「社会変革」とは、個人・家族・小集団・共同体・社会のどのレベルであれ、現状が変革を必要とするとみなされる時に介入することを意味する。また、「社会開発」とは、人々のニーズがあるにもかかわらず、政策的枠組や制度的枠組が欠損している場合、人々のニーズに対応する政策的、制度的枠組みを開発する必要がある。そうした場面で、ソーシャルワーク専門職には、新しい政策、制度を開発することが期待されているのである。さらに、「社会的結束」とは、社会的、心理的な人々の結びつきや社会としてのまとまりを促進することを意味する。そして、「エンパワメント」と「解放」とは、人々が社会から孤立し、抑圧されて無力な状態や諦めている状況に陥った時に、人が潜在的に持っている力を引き出す（エンパワメントする）ことによって、生活上の課題解決を図り、そうした状態から「解放」することができるようにする実践を意味している。

次に、「ソーシャルワークは、生活課題に取り組みウェルビーイングを高めるよう、人々やさまざまな構造に働きかける」とあることについて着目したい。このうち「ウェルビーイング」とは、身体的・精神的・社会的に良好な状態にあることを意味する概念であり、「幸福」「安寧」「福利」などと翻訳されており、肉体的にも、精神的にも、そして社会的にも、すべてが満たされた状態（well-being）にあることをいう。そして、後半部分の「人々やさまざまな構造に働きかける」に関しては、注釈の「実践」の箇所において、「ソーシャルワークの正統性と任務は、人々がその環境と相互作用する接点への介入にある」とされており、人々がその環境と相互作用する接点に介入することが、ソーシャルワークであると明記している。

◀2▶ ソーシャルワークとは

ソーシャルワークについては、すでに述べたＩＦＳＷとＩＡＡＳＳＷによって示されたソーシャルワークのグローバル定義（２０１４）が世界共通の定義である。しかしながら、ソーシャルワークの本質と機能については、これまでにさまざまな議論がなされている。今日においても広く知られている定義及び理論が、ＩＦＳＷとＩＡＡＳＳＷによって示されたソーシャルワークの定義（２０００）、岡村重夫による岡村ソーシャルワーク実践理論［岡村 １９８３］、芝野松次郎（２０１５）によるピーム（PEIM：Person Environment Interface Management）である。

これらの理論や定義に基づいてさまざまな調査研究や実践研究がなされ、多くの研究が蓄積されている。

２０００（平成12）年7月にＩＦＳＷとＩＡＡＳＳＷがモントリオールの総会で採択したソーシャルワークの国際的な定義は、以下のとおりである。

ソーシャルワーク専門職は、人間の福利（ウェルビーイング）の増進を目指して、社会の変革を進め、人間関係における問題解決を図り、人びとのエンパワーメントと解放を促していく。ソーシャルワークは、人間の行動と社会システムに関する理論を利用して、人びとがその環境と相互に影響し合う接点に介入する。人権と社会正義の原理は、ソーシャルワークの拠り所とする基盤である。

この定義に示されているように「ソーシャルワークは、人間の行動と社会システムに関する理論を利用して、人びとがその環境と相互に影響し合う接点に介入する」とある。そして、これによって、「人」と「環境」が相互に影響し合う「接点」に働きかけることを「ソーシャルワーク」と呼ぶことが、国際的な共通の認識となったのである。

しかし、それよりも以前から、岡村重夫によってソーシャルワークの機能が明らかにされており、日本固有のソーシャルワーク実践理論〔岡村 1983〕が提示されている。この岡村理論により、ソーシャルワークの対象は、サービスを受ける個人や集団でも、個人や集団を取り巻く環境でもなく、個人と環境との接点にある「社会関係」であるとされたのである。そして、その「社会関係」は、把握することができる「客体的な制度的側面」と、捉えられない「主体的な個人的側面」の二重構造がある。この「社会関係」の二重構造のため、社会福祉サービスをいかに生活者へ提供するかという「客体的な制度的側面」だけではなく、生活者が生活上の問題を解決するために環境へ主体的に働きかける「主体的な個人的側面」にも着目しなければならない。そして、社会福祉固有の3つの問題（①社会関係の不調和、②社会関係の欠損、③社会関係の欠陥）と、社会福祉固有の5つの機能（①評価的機能、②調整的機能、③送致的機能、④開発的機能、⑤保護的機能）は、ソーシャルワークの本質であるという（図7－1）。

その後、芝野松次郎によって示されたソーシャルワークの本質を捉えた考え方として、PEIM〔芝野 2015〕が示されている。PEIMとは、Person

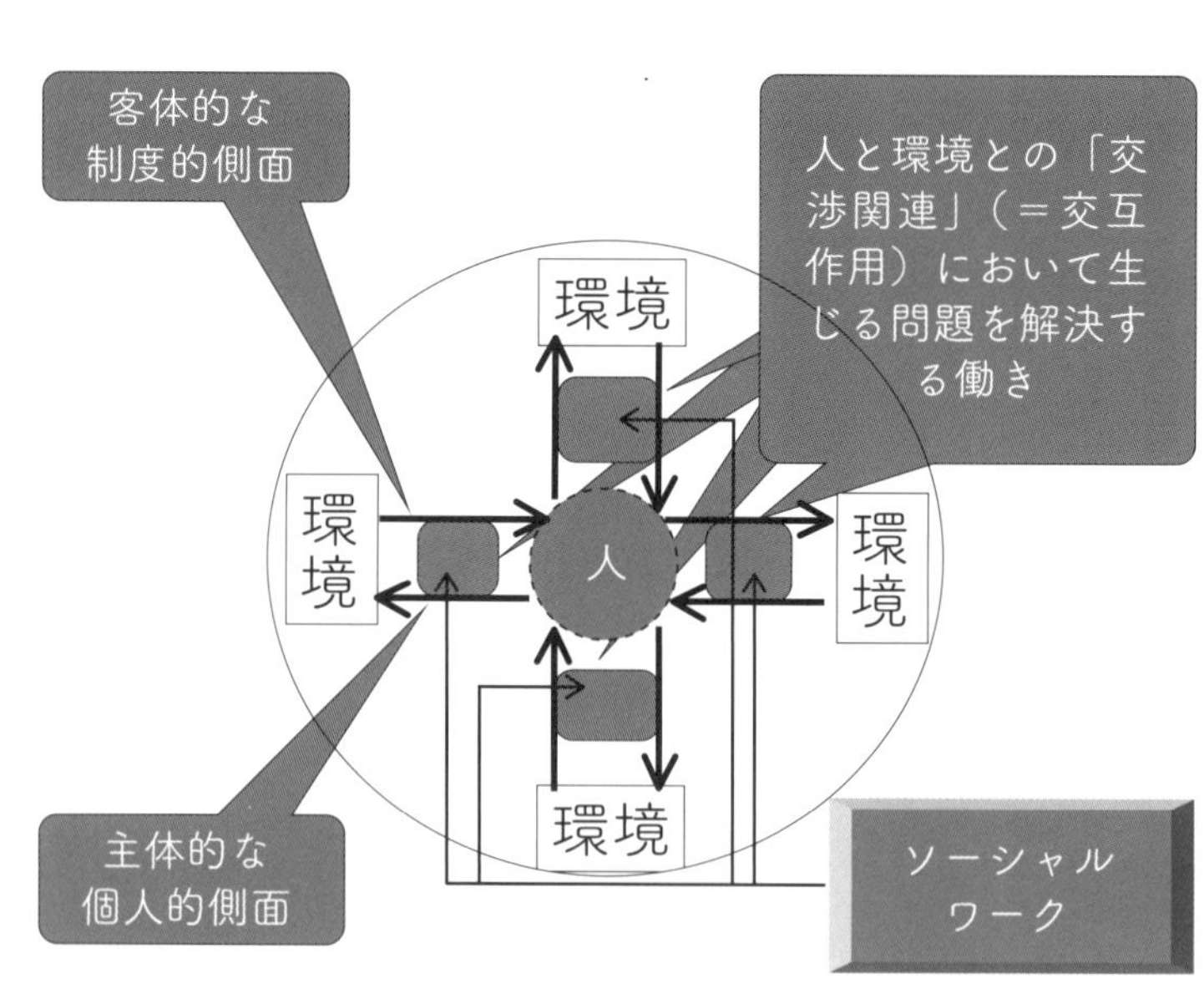

図7－1　ソーシャルワークの機能・本質

出所）岡村〔1983〕、芝野〔2015〕、新川〔2016〕を参照し筆者作成。

Environment Interface Management の頭文字をとったものであり、人と環境との接点に介入するマネジメントこそが、ソーシャルワークの本質であるとする考え方である。芝野は、岡村によって理論化された「社会関係」に着目し、人の営みである社会生活は、社会制度との交渉関連（交互作用：transaction）のことであり、そして、社会生活におけるさまざまな基本的要求を抱えた「人」と社会制度・サービスといった「環境」との交渉関連において生じる問題を解決する働きがソーシャルワークの本質であるという。

3　ソーシャルワークにおけるコミュニケーション技法

ソーシャルワークを行う専門職には「傾聴」（＝Listening skills）が必要であり、秋元ほか編［２００３］『現代社会福祉辞典』有斐閣の中で、武田加代子は以下のように解説している。

> クライエントの最大の関心事にしっかりと焦点をあてて、その言語的・非言語的メッセージを理解する。単に黙って耳を傾けるのではなく、積極的関心を示す態度や表情で、適切な相槌や質問を用いて、クライエントが十分考えや感情を表現できるように促す。特に、クライエントとワーカーの関係が確立されていない援助の初期段階では、こうしたワーカーの聴く姿勢がクライエントとの良好な関係の基礎となる。

このように、利用者や相談者の語りに耳を傾けてしっかりと聴く「傾聴」を行うことは、利用者や相談者と援助者との関係を築いていく上で必要不可欠な条件であり、ソーシャルワークを行う専門職が、利用者や相談者との信頼関係を構築するうえで基盤となるものである（表７－１）。

さらに、「傾聴」に際して、「頷き」と「相槌」が必要になる。利用者や相談者の語る言葉に対して、しっかり頷き、絶妙のタイミングで相槌を打つことは、利用者や相談者に安心感を与える。

また、利用者や相談者の語った言葉をそのまま「繰り返す」こともソーシャルワークにおいて用いられるコミュニケーション技法である。利用者や相談者の語った言葉の中の重要と思われる一部分の言葉をそのまま利用者や相談者に伝えることである。

さらに、利用者や相談者の語った言葉をソーシャルワーク専門職の言葉で「言い換え」て、利用者や相談者に対して伝えることも行われる。この「言い換え」によって、利用者や相談者が自分の話をしっかり聴いて、理解してもらっていることを実感できる。

そして、利用者や相談者の語った言葉をソーシャルワーク専門職が要点を簡潔にまとめて、「要約」した上で伝えることも行われる。利用者や相談者の語りを「要約」することで、利用者や相談者自身も話の内容を整理することができるため、自分自身の悩みの要点や課題の本質が明確になる。

なお、利用者や相談者とコミュニケーションを行う中で、利用者や相談者が自由に答えられる質問をする「オープンクエスチョン」と「はい」「いいえ」など簡単に返答できる問いかけをする「クローズドクエスチョン」を交えて、対話していくことも、コミュニケーションを円滑に進める上で、有効である。

表7－1　さまざまなコミュニケーション技法

1．頷き	利用者や相談者の語る言葉に対して頷くこと
2．相槌	利用者や相談者の語る言葉に対して絶妙のタイミングで相槌を打つこと
3．繰り返し	利用者や相談者の語った言葉の中の重要と思われる一部分をそのまま繰り返すこと
4．言い換え	利用者や相談者の語った言葉を援助するソーシャルワーク専門職の言葉で言い換えて伝えること
5．要約	利用者や相談者の語った言葉を援助するソーシャルワーク専門職が要点を簡潔にまとめて伝えること
6．オープンクエスチョン	利用者や相談者が自由に答えられる質問をすること
7．クローズドクエスチョン	利用者や相談者が「はい」「いいえ」など簡単に返答できる問いかけをすること

出所）筆者作成.

◀4▶ ソーシャルワークにおけるコミュニケーションの難しさ

ソーシャルワークを行う専門職には、相談援助場面で、利用者や相談者の個別ニーズを把握して、専門機関や専門職へつないでいく役割が求められることになるのであるが、そのために、まず利用者や相談者にかかわるニーズ、利用者や相談者の家族や家庭が抱えているニーズ、利用者や相談者を取り巻く地域社会における社会制度・サービス利用にかかわるニーズなど、さまざまな個別ニーズを把握することが必要となる。

しかし、そうしたさまざまな要因が複雑に絡み合って生活上の問題が生じている利用者や相談者の個別ニーズの把握は、たとえ高度な専門性を身につけた専門職でも容易ではない。むしろ困難であることの方が多い。なぜならば、支援の必要性があるにもかかわらず、それを実感していないケースが存在するからである。したがって、そうした潜在ニーズを発見し、社会的判断と専門的判断によって、それに対処するソーシャルワークが求められることになる。

ソーシャルワークにおいては、ソーシャルワークの専門的な知識を学んだソーシャルワーク専門職が、利用者や相談者との間に援助関係を形成し、利用者や相談者が問題を解決することへの動機づけを高めるように、利用者や相談者の家庭を訪問して、利用者や相談者が求める制度やサービスへとつないでいく「リーチアウト（reaching-out）」が行われることがある。その場合、利用者や相談者が、問題を抱えていても自ら支援を求めることができない利用者や相談者を見つけ出す（ケース発見）とともに、必要としている情報や制度・サービスを提供する「アウトリーチ（outreach）」がなされる。これにより、利用者や相談者が抱えるさまざまなニーズや問題に対応した制度やサービスへと確実につないでいくことが可能になる。

しかしながら、このような「リーチアウト」や「アウトリーチ」によるソーシャルワークは、さまざまな阻害要因によって、必ずしもスムーズに行われているというわけではない。また、「リーチアウト」や「アウトリーチ」に限らず、ソーシャルワーク全般における相談援助場面で、コミュニケーションそのものに難しさがあることがしばしば指摘されている。そのため、ここではコミュニケーションの難しさの根本的な要因に注目していきたい。

ゴッドマンら〔1976〕は、コミュニケーションの難しさの仕組みを①外的なダイアログ「表現されたメッセージ」、②内的なダイアログ「②－1 表現されていない意図」、②内的なダイアログ「②－2 表現されていない影響」により説明している（図7－2）。

①外的なダイアログ「表現されたメッセージ」とは、言葉や身振り手振りなどのジェスチャーなど、「メッセージそのもの」を意味しており、「客観的な事実」とも言える。しかし、メッセージの送り側と受け取り側のそれぞれのフィルターを介してメッセージが送受信されるため、②内的なダイアログ「②－1 表現されていない意図」、②内的なダイアログ「②－2 表現されていない影響」によって、「客観的な事実」に「主観的なものの見方、考え方」が加わることになる。

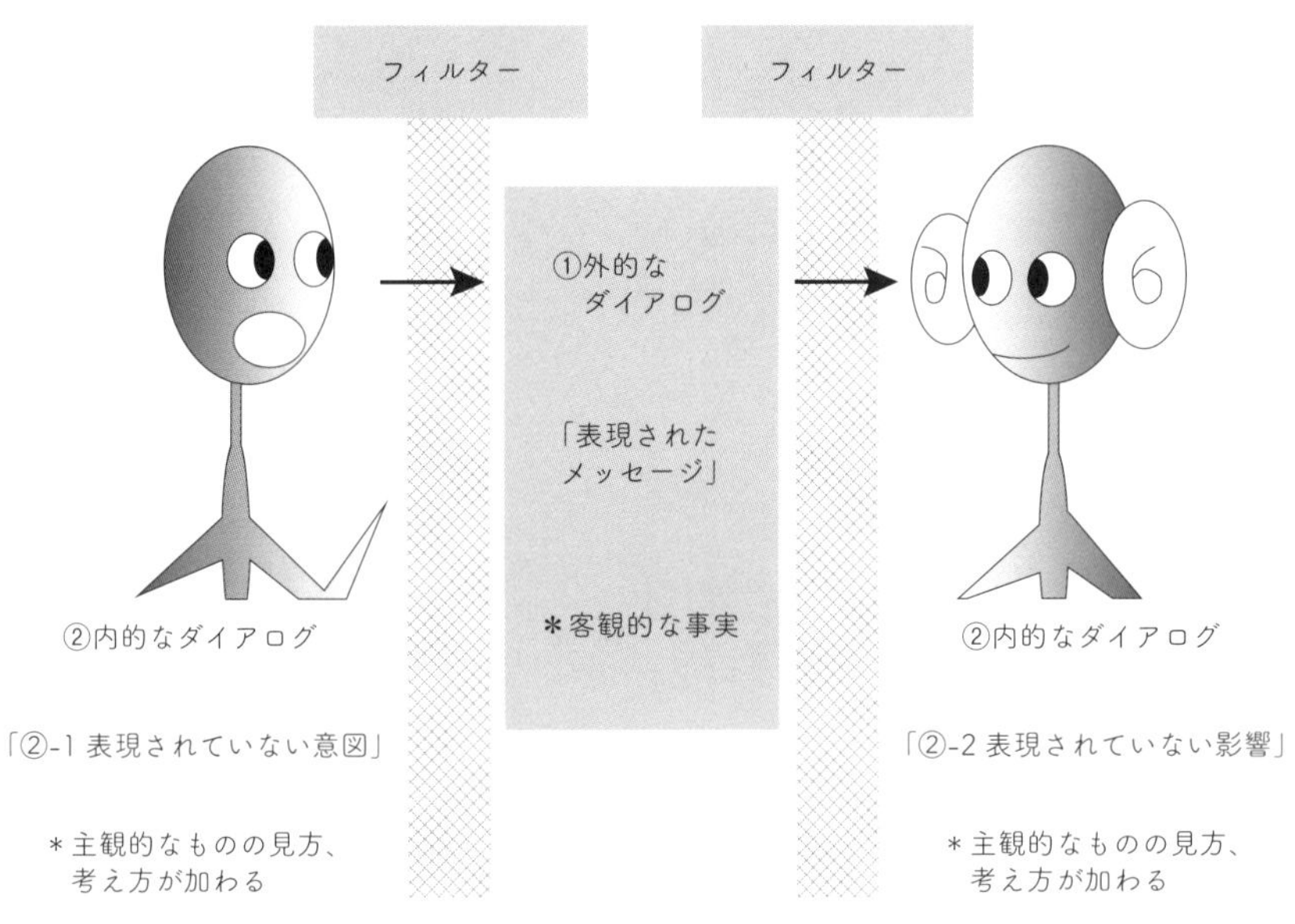

図7－2　コミュニケーションの難しさの要因

出所）ゴッドマンら（1976）芝野（1999）を参照して筆者作成.

そのため、メッセージの送り手と受け手が、正確に①外的なダイアログ「表現されたメッセージ」を共有することが困難になってしまうことになる。そして、このことがコミュニケーションの難しさの根本的な要因となっているのである。たとえば、自宅から最寄り駅まで徒歩で通っている場合、客観的な事実としては、自宅から最寄り駅までの距離が「２km」で、いつも歩いている速度では「20分程度時間を要する」ということがある。

この場合、そうしたメッセージを伝える際に、「毎日、朝日を浴びることで、心地よく、気分がリフレッシュされるとともに、足腰が鍛えられて運動不足解消となり、加えて、心肺機能も高まって心身の健康が促進される」とポジティブに考えた上で、自宅から最寄り駅まで「２km」の距離を「20分」かけて歩くメッセージの送り手がいる。

逆に、「起きてから間もない時間で、まだ眠い中、疲れて、苦しい運動をしたくない」とネガティブに考えて、自宅から最寄り駅まで「２km」の距離を「20分」かけて歩くメッセージの送り手がいる。その他にも、さまざまなことを考えて、自宅から最寄り駅まで「２km」の距離を「20分」かけて歩くメッセージの送り手がいる。

メッセージの送り手とメッセージの受け手が、こうしたポジティブな考えやネガティブな考えなどを互いに正確に把握して、理解できている場合、コミュニケーションを円滑に進められるものと思われる。しかし、その一方で、そうしたメッセージの送り手の考え方やものの見方をメッセージの受け手が正確に把握できていなかった場合、行き違いが生じる可能性が高まる。

そのため、メッセージの受け手は、メッセージの送り手の①外的なダイアログ「表現されたメッセージ」から、ポジティブな考えやネガティブな考えなどといった②内的なダイアログ「②－１ 表現されていない意図」を把握するように努めながら、コミュニケーションを図ることになる。

また、この時、メッセージの受け手には、メッセージを受け取る際に、意識していない無意識のうちにも、②内的なダイアログ「②－２ 表現されていない影響」が生じることがある。それは、前述した自宅から最寄り駅まで「２km」の距離を「20分」かけて歩くメッセージの例で言えば、ポジティブなメッセージには好い印象の影響が及ぶ可能性があり、逆に、ネガティブなメッセージには望ましくない印象の影響が及ぶ可能性があるのである。

そして、上述したような自宅から最寄り駅までの通勤におけるポジティブな考えやネガティブな考えなどといったわかりやすい事柄だけではなく、複雑で込み入った話題においても、円滑にコミュニケーションを図ることがソーシャルワークの専門職には求められる。それゆえに、コミュニケーションの難しさを念頭に置いた上で、利用者や相談者に対して丁寧に相談援助を行うことが、ソーシャルワーク専門職には期待されるのである。

参考文献

秋元美世・大島巌・芝野松次郎・藤村正之・森本佳樹・山縣文治編〔２００３〕『現代社会福祉辞典』有斐閣

Gottman, J. et al.〔1976〕*A Couple's Guide to Communication*, Research Press.

新川泰弘〔２０１６〕『地域子育て支援拠点におけるファミリーソーシャルワークの学びと省察』相川書房。

岡村重夫〔１９８３〕『社会福祉原論』全国社会福祉協議会。

才村純・芝野松次郎・新川泰弘編〔２０２１〕『子ども家庭支援・子育て支援入門』ミネルヴァ書房。

芝野松次郎〔２０１５〕『ソーシャルワーク実践モデルのＤ＆Ｄ――プラグマティックＥＢＰのためのＭ－Ｄ＆Ｄ――』有斐閣。

芝野松次郎・新川泰弘・山縣文治編〔２０２０〕『社会福祉入門』ミネルヴァ書房。

芝野松次郎〔１９９９〕「人と接するときの基本的な態度とコミュニケーションの技術」、白澤政和・尾崎新・芝野松次郎編『社会福祉援助方法』有斐閣。

ウェブサイト

日本ソーシャルワーカー協会・日本社会福祉士会・日本医療社会事業協会〔２００１〕「ソーシャルワークの定義」（http://www.socialwork-jp.com/IFSWteigi.pdf，２０２２年1月11日閲覧）。

日本ソーシャルワーカー連盟（ＪＦＳＷ）〔２０１５〕「ソーシャルワーク専門職のグローバル定義」（http://jfsw.org/definition/global_definition/，２０２２年1月11日閲覧）。

第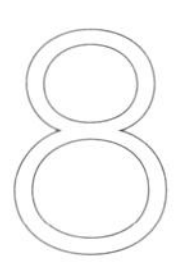章

専門職者に幼・保現場で求められる基本的態度

傾聴・受容

(1) 傾聴とは

人間という文字は、人の間というように記述される。人と人との間にあるものは何でしょうか？　それは、「こころ」です。心は感情を育む礎であり、心の許容量によって感情のバランスが変化していくことにもなる。つまり心は、人と人とがよりよい関係性を結ぶための基本的な姿勢、態度、気持ちを表現するコミュニケーション力につながっている。人は人とのかかわりによって、さまざまな感情（プラスの感情だけでなく、マイナスの感情）を実感することができる。

また人と人とがかかわるところには、ストレスが付いてくることが多い。ストレスには、マイナスに作用するものだけではなく、人間を成長させるプラスのストレスもある。そのストレスとどのように付き合っていくのかが重要な自己発達、自己肯定感を促していくことにつながりやすい。周りにいる人も1つの環境だと仮定すればこの環境をどのように整えるかによって、心を育くむことにもつながり今よりもさらにより良く生活できるのではないかと考える。

つまり環境の相互作用によって、与え与えられる関係性こそが人間の発達にとって重要な糧となる。人間は常に変化をしている。交流分析の創始者であるエリックバーンの言葉に「過去と相手は変えることができない」つまり、相手とどのようなかかわりをもつのかによって自分がさまざまなことに気づき、気づかされ、相手の心情を察することができ

るようになる。つまりこちらの側からの変化で相手が変わるということにつながるとともに自分の心地よい環境が作られていく。かかわりのポイントとしては「傾聴がどの程度できるか」によって、受容もさらに共感もできるようになると考えられる。

傾聴とは、相手の表情、しぐさといった感情や情緒的な表現を1つの形として捉えながら、その上に言葉が浮かんでこちらに入ってくる「**贈り物**」。それをじっくり、また、しっかりと心で聴くことがポイントになる。「聞く」は一般的にさまざまな音をただ入れることであり、音や声などを耳で感じ取ること。「聴く」は限定的に話している内容などについて捉える（心を落ち着けて理解し、心の中にとどめておくこと）という意味。傾聴の前提となる姿勢とは何か。相手が障がいを持っていようがいまいが、高齢であろうがなかろうが、幼児であろうがなかろうが、その相手が「命」をもつ一人の人間であることに敬意を持って接する気持ちが大切である。保育士自身の内的状態も「傾聴」を行う上では重要になってくる。つまり保育士自身に心の余裕がなければ、相手の言葉が心の中に入ってこれないので、保護者が「保育士さん、ちゃんと聞いてくれているのかな」「真剣に聞いてくれているのかな」という状態に陥ってしまうことがある。保育士の心の余裕の部分が、保護者が話す言葉を入れる空間となる。

その空間をつくれるように、専門職としての自覚と切り替えのスイッチが必要となる。そのためにはたとえば保育士自身が抱えている個人的な悩み（家族の問題、経済的問題など）を自己覚知した上で、心の中から取り出すようなイメージを持ち、それをもう1つの心の箱や空間にしまっておくように意識づけを行う。また、仕事場に入る手前で、何らかの鎧などを着る意識をもち、ゆっくりと長く呼吸をして切り替えることが効果的。仕事が終わって仕事場を出るときには、その鎧を脱いでそこに置いておくようなイメージをもつことが、自分自身の心のバランスを保つ専門職者としてのストレスマネジメントにもなる。つまり、保育士として、相手の悩みと向き合うときの前提として、自分自身の心の中にある個人的な気持ちや感情の整理を行うことが、保護者に対する敬意を払うことにつながり「傾聴＝敬聴」としてよい方向性に導いてくれる。

（2）傾聴を行うためのポイント

①保育士自身の心の中の整理を行う（「なんか……」という無意識の言葉がでていないのかを確認）。
②心の中に余裕の空間を積極的に作れているのかを確認する（ちょっと鏡をみて笑顔）。
③保護者が、安心して話せる環境に保育士自身もあるのかを確認する。
④保護者の目を見て話すことが基本。目を見るのが苦手な場合は、相手の鼻の付近を見るようにして話すとよい（逆にじっと見つめられると相手が話しにくい場合もあるので注意をするが、基本はしっかり聴いているという想いをさりげなく目で伝えること）。
⑤保護者の話す言葉を電光掲示板のようにゆっくりと保育士の心の中に入れていく意識でもって聴く姿勢をもつ（ゆっくりと呼吸をしながら、ことばの1つ1つを飲み込んで消化すること）。
⑥保護者が話す内容を、心の中にあるたんすの引き出しにまとめて整理をするような意識でしっかり覚えておく。
⑦保護者が放つ言葉の周りにある感情を傾聴する（その際に、相手の微妙な表情、身振り、しぐさ、声の抑揚などを手がかりとする。つらいという言葉も、笑って言う場合もあれば、顔の表情が険しくなって発する場合もある）。
⑧保護者が、沈黙の状態になった場合、焦らずにその沈黙が何を意味し、どのような状態であるのかを含む、非言語的な側面を総合して推測する必要がある。
⑨時にはその沈黙を破るのではなく発言を促せるような言葉を入れる。また話を返す前に保育士自身の感情を理解し、その感情とは別に保護者の感情に寄り添う（早い段階での沈黙は、その雰囲気がリラックスできるものであるのかを考えて対応する必要がある。解決をあせって性急になっていないのか、またその逆に自分を振り返り、別な視点を模索している積極的な沈黙なのかを見極めて接することが必要である）。
⑩会話自体を保育士自身も専門性からの興味をもちコミュニケーションしているのかを確認する。

（3）受容するとは

受容を野球でたとえると「ピッチャーから投げられるボールをキャッチャーがどのように受け止めるのか」、といったキャッチャーの存在。その時に積極的に受け止めることが基本となる。受け止めるときにさまざまなサインを出しながら、ピッチャーの意図を汲み取ることができる存在になれるよう日々の生活の中で保育士自身の心の余裕を持てるようになることが大切である。またこちらが要求をしていないボールをピッチャー（保護者）が投げてきた場合、そのボールをどのように受け止めるのかがこちらにもとめられているコミュニケーション力になる。たとえば、「あなたはこの仕事に向いていない」というボールを投げられたときに、あなたは、どのようにそのボールを受け止めることができるのだろうか？

受け止めるということは、保育士が積極的にボールをとろうという気持ちにならないと取ることはできない。ポイントは、保護者からなげられたボールの意味を考えることが大切である。「なんで～」と反発感情でボールを受け止める保育士もいれば、「そうなんだ仕事に向いていないと思っているんだよね」「具体的になぜそのようにいったんだろう、聞いてその理由を確かめよう」などに受け止め、「なぜ仕事に向いていないと考えておられるのでしょうか？」というように聞き返すこともある。しかし、まずは、受容という視点からは、「そうですか、そのように感じておられるのですね」、「そう思われているのですね」「仕事に向いてないと感じているんですね、私その言葉にすごく辛くなったよ」というような投げられたボールをまずは、自分の中に受け止めて、その言葉によって自分の気持ちが辛くなった、しんどくなったというようなサインをまずは送ってみることも大切である。自分が思っていないところにボールを投げてきたピッチャーの気持ちは、「投げようと思わなかったが、何等かなことがあって**そうせざるをえなかった……**」ことがあると考えられる。その上で、具体的にその理由などなどの働きかけが重要である。**しかしその理由をこじ開けてはいけない。理由は相手から自主的に行ってもらうことが基本。「実は……ということがあっていらいらしていたよ……」**ということである。

◀2▶ 面接技術

（1）面接の目的

福祉臨床で扱う面接とは、広義の社会福祉を範疇として、心の中、特に生活上にさまざまな問題を抱えている保護者が、保育士との言葉のつながりによって、あふれんばかりの心を開放することである。そしてそれにより、できるだけ早く保護者自身で問題の焦点に「気づき」、その解決に向けて社会資源を介在させながら、保護者のニーズに合致しているのかどうか検討し、傾聴、受容・共感しながら保育士と一緒に歩むプロセスとなる。つまり、問題を解決するのはあくまでも保護者自身であり、保護者の自己選択・自己決定を尊重し自己責任を促しながら自己実現に向かって進んでいくことである。

面接の際に必要となるのは「観察力」、つまり、保護者の表情・眼の動き・言葉・動作・服装・アクセサリーなどに現れる無意識的・意識的な主張表現を保育士がどのように理解し、「ありのままの保護者」をどのように受け止めるかも面接を進める上で大切な方向づけとなる。その上で、保護者の気持ち、感情に寄り添いながら、傍観者としてではなく相手の立場に添って、自然体で面接を進めることが重要となる。イメージとしては、保護者の言葉と感情（気持ち）の2種類の贈り物が保育士の中に入ってくるような感じで受け止める。笑いながら悲しい言葉を表出するときもあれば、泣きながら楽しい言葉を表出することもある。また、保護者自身に「どのような意味があってこのような質問をするのか」「何のために保護者にたずねるのか」を考え面接に臨まなければならない。よい面接を進めるためには、保護者の「今、ここでの像」を見過ごさない保育士の姿勢と、しっかりと一語一句保護者が話す言葉と感情を受け止め、「問題の所在はどこにあるのか」「今何を求めているのか」「適切な援助は何か」を専門的に判断していくことが重要となる。

（2）面接に入る心構え

保育士としての面接経験の度合いによって、面接の前に不安を感じたり緊張したりしてしまうことがある。特に、面接経験の少ない保育士にとっては、不安が表情や保護者への言動にまで無意識に影響を及ぼし、偏った見方をしてしまうことがある。これを軽減するためにも面接に来る保護者の情報を持っておくとよいこともある（自分の経験などによる思い込みよりも常に確認する姿勢が重要）。また保護者としては、話を聞いてもらえるだろうか、自分の話を軽蔑されないだろうか、問題を解決してもらえるだろうか……。心の中に不安と期待が溢れていることを保育士が理解することが大切。その上で、来訪を歓迎する気持ちで、また自然体で保護者とかかわる姿勢が大切となる。

また、保育士自身の感情や心の葛藤を整理し、専門職者としての倫理・価値観を認識し、保護者を待つことが必要。保育士も人間であるから、仕事に入る前に家庭のこと、友人関係のトラブル、身体の不調など、気持ちの整理とともに心の切り替えをしなければならない。保護者を迎える前に自分自身の心の揺れを明確にする必要がある。保護者の言動によって、無意識の感情が意識上にのぼり、保育士自身の感情の乱れを誘導し、保護者に対して客観的にアプローチできなくなることがある。それを避けるためにも、面接に向かう前に自分自身に問いかけ、問題があれば処理する必要がある。

（3）保育現場での保護者面接（インテーク）

①物的環境からのアプローチ

保護者がリラックスして話せる環境になっているかを再度チェックしてみましょう。保護者の座る場所にも配慮しながら考えていくことが大切。自分が保護者の立場なら、どの位置に座りたいか？　またその理由は？　ということを常に自分に問いかけながら面接を進めていくことが大切である。

ドアがノックされます。うつむきかげんで入ってくるのか……。さまざまな行動や表情を想定しながら、言葉での挨拶とともに心の挨拶をする必要がある。最初の出会いですべての面接が終わってしまわないように、保育士は最初の面談を特に大切にし、あらゆる配慮を想定しなければならない。その上で来園してもらったことについて、しっかりとねぎらうことが大切。「今日はありがとうございます」「遠いところをありがとうございます」「電車は混んでいませんでしたか」「こちらにどうぞ」。面接の最初のやりとりは保護者へのねぎらいとリラックスを促す言葉がよいだろう。保護者にすぐに話を求めるのではなく、保育士の自己紹介、面接の目的、時間配分などについて丁寧に簡単に話をする。特に、守秘義務についてはその責任の所在を伝え、保護者がこの場の限られた時間で安心して話ができるよう配慮することが重要。保護者は悩みが心の中であふれんばかりなので、「どこからでも結構ですのでお話ししやすいところからお話ししてください」「今、できることを一緒に考えていきましょう」の言葉を聞いたとたん、感情とともに言葉があふれ出す場合もある。その言葉が意味するさまざまな感情を考察し、一言一句聞き漏らさないように保育士の心の中に入れていく。保護者の呼吸が速くなったり、涙があふれてきたりするときは、保育士がそれぐらい心の中に重荷を抱えていたと考え、自然な流れに沿ったゆったりした会話を心がけよう。

②保護者面接の具体的技法

１　促しの技法

非常に重要な面接のスキルです。話をスムーズに促すために言葉と言葉の間にはさむ潤滑油のようなイメージ。「うんうん」「はい」「そうなんだ」「そお」「へえ」など、あいづちをはさんでいくことによって、保護者の呼吸が整い、話がしやすくなる。これはふだんの会話の中で意識せずに行っているものであるが、面接の場面では保育士は自然体の中にも専門職として意識づけを行う必要がある。促しによって、保護者の表情、態度にどのような変化が現れるのかを常に考えよう。

２　繰り返し

いわゆる「おうむ返し」の技法であるが、保護者への共感につながる大切なスキル。保護者の話の語尾を繰り返すことで、そのままの言葉（言葉の多様性）が受け入れられたことを保護者に意識づけることになる。違う言葉で同じ意味を返してあげることも保護者の「気づき」の助力となりますので意識づけをしながら会話を進めていくことが必要。保育士は、日常生活の中でも常に感性を研ぎ澄ませ、言葉で伝えることを考えておくことが大切である。

◎「おうむ返しの具体的な効果的な方法」

Cl. おはようございます。Co. おはようございます。

　以上は、単純な繰り返し。

Cl. おはようございます。Co. おはようございます。今日はいいお天気ですね。

単純な繰り返しにプラスαの要素を加えることにより、会話を滑らかにすることができる。また、相手の表情を言葉にして返してあげてもよい。Cl. おはようございます。Co. おはようざいます。今日は顔の表情がにこやかでいいですね。

３　効果的な質問

「開かれた質問」「閉じられた質問」を効果的に会話の中に入れながら保護者が答えやすいかかわりを持ちながら深めていくこと。「開かれた質問」とは、「今日お昼ご飯にどんなものが食べたいですか」「中華料理の餃子がいいかな、それとも焼肉……」というように食べるものの内容や種類が情報として得られることになる。保護者が自由に答えることができ､自己理解を深めていくことができる。「閉じられた質問」は､「お腹すいてますか?」という質問に対して､「はい」「いいえ」のように簡単に会話が終了となる。場合によっては､質問そのものが､保護者に対して抑圧的になってしまい、保護者のペースで話せなくなってしまうことがあるので配慮が必要となる。この両方の質問を通して保護者の心の疲れを感じながら効果的な質問を行うことが必要。また開かれた質問ばかりでも疲れることがあるので、閉じられた質問も入れながら進めていくことも必要である。

4　感情の反射

保護者がむきだしの感情を伝えたときに、保育士がその感情をオブラートまたは柔らかい風船ガムに包んで保護者に返してあげるイメージ。つまり、保護者の情動的な言葉に留意しながら、感情を反映させること。たとえば「将来のことを考えると不安で、何とかしなければならないと感じるのですが、何をしたらよいのかわからないのです」と言われたとき、「ご心配なのですね、どうしたらよいのか混乱しているのですね」「どうしたらよいのか困っておられるのですね」などと返すことである。

5　要約・明確化の技法

保護者が、自分のあふれんばかりの感情を、堰を切ったように保育士に話し続けることがある。悩みを持っている人が話をしているときの感情は、とにかく自分自身で抱えていることが苦痛で、自分ではどうしようもないとの思いを持ち、だれかに聞いてもらうことで肩の荷を軽くしたいという気持ちが強いと思われる。保護者が話す言葉を整理できないときは、要約の技法を使いながら、たんすの引き出しをつくってあげるつもりで接するとよい。また、保護者が抱える曖昧な点をはっきりさせるためには、「もう少し詳しくそのことについてお話をしていただいても大丈夫ですか」というように話しを促すこと。これによって保護者は、眼の前にいる保育士が自分の話をしっかり聴いてくれているということを確信することができる。

6　沈黙の技法

面接の中で保護者が沈黙してしまうことがある。この沈黙は重要な解決への「気づき」であるとともに、保育士としては慎重なかかわりが求められる。どのような質問をされたことで保護者が急に黙ってしまったのか、その意味を保育士は考える必要がある。「答えたくない」「何を答えていいのかわからない」「質問の意味がわからない」「今の質問よりさっきの答えが気になる」「しっかりと答えようと考えている」など。このような状態が長く続くなら、保育士は保護者が沈黙することの意味を考え、少し時間をおいて違う視点でアプローチを行う必要がある。時にはその沈黙を破るのではなく発言を促すような言葉を入れること。「難しいことですよね、答えるのが辛いですね」「無理に答えを出さなくてもいいですよ、ゆっくり一緒に考えましょう」「今何が気になっていますか、できればお話ししていただけませんか」「話題を少し変えてお話を続けてもいいでしょうか」など、方向性を修正することが必要となる。

7　まとめ

専門職は常にストレスを自己管理し、バーンアウトにならないよう、日頃からの訓練が必要。その方法としては、①定期的にスーパービジョンを受ける　②専門職の自分と自分自身のメリハリを日ごろから考える　③ケース会議による意見の収集と方向性の獲得を考察する　④自主的な勉強会、研修会の参加　⑤ストレスマネージメントを意識的に行う、などなどがある。また、面接では言葉の前に感情が重要な解決への指標となるため、転移・逆転移が起こる可能性が常にある。特に逆転移は専門職者自身の問題であり、保護者に過度に親切にしたり、逆に会うことがつらくなり、忙しさにかこつけて回避してしまったりすることにつながりやすい感情の揺れになる。しかしながら逆転移が全くよくないということではなく、逆転移が起きていることを理解し、意識して、解決の方向性を保護者の最善の利益を守りながら考察していくことが大切である。これを解決するためには、あるがままの自己を客観的に自己分析しながら、今の専門職者としての自分に何ができるのかを考える必要がある。

◀3▶ ちょっと一息ワーク

この節は、実際にコミュニケーションの方法をやってみて、感じてもらえるようなワークです。

★ワーク1　言葉の多様性を理解しよう

①「楽しい」「悲しい」という言葉を、意味は同じでも違う言葉で表現してみよう。

②眼をつぶり、鼻から空気を吸って、ゆっくりと長く口からはいてみよう。どのような身体上の反応と、心の内面を感じ取ることができるだろうか。

★ワーク2　より良い人間関係を結ぶための演習

まずは二人でじゃんけんをしてください。勝った方が専門職者、負けた方がクライエント役になってください。勝った人は自分の嫌いな苦手な食べ物を負けた人に1つ伝えてください。ここからは、専門職者とクライエントになってロールプレイになります。

専門職者は、クライエントに最近何が楽しかったのかを聞いてください。クライエントは、「昨日、○○を食べに行って、その中でも○○がすごくおいしかったよ」と伝えてください。（専門職者が嫌いな苦手な食べ物をクライエントがすごくおいしいという表現を用いながらお話をしてください。専門職者が自分の嫌いな食べ物を嬉しそうに話すクライエントの話を広げてください。専門職者の嫌いな苦手な食べ物をクライエントが知らないということが前提となります。）

専門職者としては、自分の生きてきた生活の中での嫌いなものが、今目の前にいるクライエントから伝えられ、どの様に専門職者の感情が揺れてくるのかを意識、自己覚知してください。

例（専門職者は「ネギ」が苦手という事で以下をロールプレイします。）
○専門職者：最近楽しかったことは何ですか？
○クライエント：そうそう、昨日、焼き鳥屋に家族と食べに行って、そこのネギ間がすごくおいしかったです。

＊あなたが専門職者ならばクライエントのどの言葉に寄り添って言葉を広げていきますか？　まず、さっきのクライエントの言葉を文節に区切ってみてください、その中でクライエントの感情が一番強い言葉に専門職者が引っかかって、その言葉を広げてみてください。

＊そうそう／昨日／焼き鳥屋に／家族と／食べに／行って／そこの／ネギ間が／すごく／おいしかったです／

重要なポイントは「興味があって質問、返事をするのではなく、クライエントの感情の揺れ幅の大きい、深い感情、相手にこれを伝えたい、話したいという感情を理解して、そのキーワードを返すことです。」

○専門職者：そうなんだ、ネギ間が美味しかったんだね……

この「……」にどのような言葉、返事を入れるのかが非常に重要になります。

×あまりよくない返事の仕方
そうなんだ、ネギ間が美味しかったんだね、ネギ間以外の焼き鳥はどうだったの？

（嫌いなものを本能的に聞きたくない、避けたいという感情が強く出てくると話題を変えてしまうことがあります。）

○より良い返事の仕方

そうなんだ、ネギ間が美味しかったんだね、ネギ間のどのようなところが好きなのか教えて？

（自分自身はネギが嫌いな苦手な食べものですが、クライエントが嬉しそうに楽しそうに話しているエネルギーを感じながら強めていくためにも言葉についていく、感情についていくことの大切さを理解しましょう。）

★ワーク3　コミュニケーション能力を高める方法

・自分の心の余裕を自己覚知する（受容ができる体制づくり）先の楽しみを確認する。
・自分自身としてなのか、専門職としての自分なのかを判断する。
・今日の楽しみを確認する。
・会話を行う環境に配慮する。
・自分の顔の表情を客観的に知る。
・これから行う会話の目的を見通す視点をもつ。
・良いとか悪いとかの判断をしないでそのまま受け入れる。
・しっかりと聴く。
・しっかりと共感する。
・相手に興味・関心をもつ。
・信頼関係を築けるよう努力する。
・受容ができる心の許容量を確認する。

・会話のより良い方法として、先に結論を伝える。
・話の要点を絞って短時間でまとめて伝える。
・相手の立場を理解する。
・相手の気持ちに配慮する。
・相手から興味・関心を持ってもらえるように努める。
・言葉の多様性を理解する。
・言葉の広がりを楽しむ（ユーモアをとり入れる）。
・アナウンサーの話し方をまねてみる。全国ネットのニュースを1秒遅れて繰り返す練習をする。

★ワーク4　コミュニケーションが下手な人の7つの主な原因

コミュニケーションが苦手、コミュニケーション能力が低いと思われる人には次の無意識の6つの要因が考えられます。

原因1　緊張しやすい：緊張しやすい人は、自分の本来伝えたいという気持ちと言葉がアンバランスになってしまいがちです。要点を絞りながら、これを相手に伝えたいと絞りながら一呼吸おいてゆっくりと伝えていきましょう。また、自分自身を大切に想うあまりに緊張度が高くなりすぎてしまうので、相手も同じように感じてみましょう。

原因2　経験不足：コミュニケーション能力はさまざまな経験や体験によって、確実に自分自身の中に入っていきます。まずは、自分を取り巻く環境とのかかわりの中で、興味をもってコミュニケーションを取ってみましょう。

原因3　過去の経験にこだわる：過去の経験にトラウマを持っている人の中には「失敗したらどうしよう」と考えてしまい、無意識のうちにコミュニケーションが苦手だと感じてしまっている人がいます。過去にこだわるよりもこれから先にあるコミュニケーションをとることの楽しみをまず考えてみましょう。

原因4　空気が読めない：「楽しい雰囲気の中で自分本位の話題を出してしまう」「話をしている途中で割り込んでしま

う」など、コミュニケーションが苦手な人はその場の雰囲気を察して会話を進めることが難しいと言われています。まずは相手の話を最後まで聞くこと。そのうえで自分の話ができるように心がけてみましょう。

原因5　自己肯定感の低さ：「自分なんて……」「あれができない、これもできない…」というように自分を責めてしまうと、相手とのコミュニケーションが難しくなってしまいがちです。これはできないが、これはできることを自分の中に見つけていきましょう。

原因6　声が出しにくい：身体言語があるように身体から自然に声が出てくるような場面を多くもちましょう。声を出せれば身体も熱く感じるはずです。

原因7　周りをあまりに気にしすぎるあまり、相手が納得できるような話をしようと思いすぎてしまい、本当に伝えたいことを伝えられていない。アイデンティティの確立と自信をもちましょう。

参考文献

西尾祐吾監修　立花直樹・安田誠人・波田埜英治編『保育の質を高める相談援助・相談支援』晃洋書房２０１５年。
水野喜代志編『社会福祉援助技術演習――福祉・介護を学ぶ人々のために――』保育出版社、２００６年。
横井一之・吉弘淳一編『保育ソーシャルカウンセリング』建帛社、２００４年。
秋山博介　責任編集『臨床に必要な社会福祉援助技術演習』弘文堂、２００７年。

第章　ポジティブシンキング・アクションとしてのコミュニケーション

自分自身のポジティブシンキング

私がスクールカウンセラーをしながら出会ってきた子どもたち、親たちは特に過去にこだわりが強く、今をさらに生きづらくされていることが多いと感じている。また、過去をマイナスに捉え、今まで引きずっていることが多い。過去の自分自身に出会ったときに結果ではなくそのプロセスの中で自分の表情を振り返ると、一生懸命に向き合っている自分がそこにいることをプラスに捉え直すこと。これから先をどのように生きていくべきなのかをしっかりと確認し、生きる糧にできればマイナスではないと考えられる。自分の性格の癖をちょっと見方を少し変えることができればいいのだが。要はこんな自分も自分、あんな自分も自分、すべて自分であり、いとおしく感じることができれば今が変化していく。

たとえば、「先生、私ね、今小学校の5年生になる子どもがいるのですが、不登校になってしまい、たぶん、あの子が幼少時期から、厳しくしつけてきたせいで、このようになったのかと思って後悔の毎日です……」という親に対してあなたは、どのような言葉を最初にかけるだろうか？

親は、自分の言動の過去にこだわってしまい、これから先のことが考えられなくなってしまっていた。悩んでいる人の99・9999……％は、過去にこだわってしまい、今を身動きできなくしてしまっていることが多いと感じる。過去は変えられないので、過去にこだわるよりも、その過去からプラスの部分を見つけてそれを強化し、今後に少しでも活

かせることができれば、先の回答が見えてくるはずである。

「お母さんがそのように思っていらっしゃる気持ちはありますが、私は、お母さんが一人で孤軍奮闘しながら、何とかして子どものより良い将来に向けて何とかしたいという、子どもに一生懸命向き合って何とかしたいという強い愛情が伝わってきますよ……」。要は、マイナスに感じている過去に入ってそこからプラスの要素を見つけ、お母さんに伝わるよう返していくということである。この章では、主にポジティブシンキング・アクションをと入れたコミュニケーションを考えたいと思う。

ブトリュム（ゾフィア・T・ブトリュム）は、著書『ソーシャルワークとは何か』において、ソーシャルワークの究極的価値を「人間尊重（一人一人の人間をかけがえのない存在として尊重され、個人の尊厳と平等に扱われ生きる権利、価値がある）」、「人間の社会性（人は、社会とのつながりの中で生きる意味を見出し、協働することの意義を深める）」「人間の変化の可能性（人間は、絶えず発達し続けている存在であり、自分のもつ可能性を潜在的にも顕在化させることができるものであり、その環境調整が重要）」の３つを挙げて説明している。それを前提として人と人とのかかわりで大切なのは、「尊敬する気持ちを感じ取る力」「良いところ、長所に気づく力」を自分自身にもまた相手にも見出すことが人と人との関係性を良くしていく。関係性が良くなればお互いの価値観、倫理観といった経験からの生き様が、お互いに影響しあいながら高めていくことができる。今はマイナスの関係性があるけれど、いつかはプラスに変わる時がくることを相手の環境の中で考える視点が重要である。また、相手の良い部分を積極的に探すことも大切となる（ストレングスの視点とエンパワーメントそしてレジリエンス）。たとえば、初めて出会った人をちょっと苦手だな～と感じた瞬間に、相手もあなたのことを同じように、ちょっと苦手だな～と感じるもの。以心伝心とも言えるだろうか。それを専門職者としてどのように心のコントロールをするのかがストレングスの視点につながっていく。このコントロールをするためにいろいろな方法が考えられる。この方法も以下に述べていく。つまり人は今、この瞬間から変われるものである。親から受け継いだ遺伝よりも環境からくる人とのかかわりによって自分の性格が変化していくことが多く考えられる。

人間関係を良くする3つの力とは、まず1つは**コミュニケーション力**（言葉の多様性）、もう1つは**人と人とがかかわる力**、3つめは自**分自身を愛おしく信じる力**とセルフストレスマネジメントなる。そのうえで自分自身のポジティブ感を積極的に引き出すこと。この3つの力を兼ね備えている人は（特に断る方法）コミュニケーション能力が高い人である。それでは、以下の例について一緒に考えていこう。

＊自分自身をポジティブにするための10の質問（今の自分はどの自分?）

①なぜあなたは、この世に生まれてきたのですか?（その理由）
②あなたは自分のことが好きですか?
③「その服、似合ってるよ」と言われた時の返事とは?
④あなたの安心する場所とはどこになりますか?
⑤「その髪型変だよ」と言われた時の返事は?
⑥あなたの友だちが「わたし短気でダメですよね」「わたし人見知りでだめですよね」と言われた時の返事は何と言いますか?
⑦「今日のこの講座が終わってから、夕食に〇〇〇〇に行きませんか?」と誘われた時の断り方は?
⑧苦手な人とのかかわり方は（専門職としての自分と自分自身）?
⑨自分の自慢を1つだけ隣に座っている人に言ってください。
⑩今日の楽しみは何ですか?（3秒以内で答えられますか?）

＊自分自身をポジティブにするための10の質問の解答（今の自分はどの自分?）

①なぜあなたは、この世に生まれてきたのですか?（その理由）

質問の答えは、「幸せになるために、自己実現を叶えるため」。あたりまえすぎて答えられなかったのではありませんか？　年齢とともにプライドもひょっとして無意識的に自然と高くなりやすく、相手への単純な答えは自分の中で忘れ去られていきます。つまり、目の前にいる人が「納得」するような答えを探してしまい、迷路にはまって答えが出てこれない質問なのです。これは、人と生まれた意味の根幹を尋ねる質問なので、人があなたの答えを聞いて何と思ったとしても、それを打ち消すような自信と信念をもって答えることが大切です。ちなみに、小学生は、「仮面ライダーになるために……」と答えるかもしれませんね。

②あなたは自分のことが好きですか？
もちろん、「好きです」。想像してみてください、もしあなたのお子さんが、お母さん、お父さんは自分のことが好き？と質問してきて、「う～ん、あんまり好きではないかな～」と答えたとしたら、たぶん、あなたの子どもは、自己否定をするように成長していく姿が想像されてしまいますね……。できるだけ、自分のことが好きといえるような自分自身との出会いと気づきを持ちましょう。

③「その服似合っているよ」と言われた時の返事とは？
ほめられたときは、即座に「ありがとう」ですね。「いや～今日のために買ってきたんですよ……」は、一見、相手に対して一歩引いて自分の謙虚さをアピールしているかのように思えるが、自分自身にとっては、謙虚ではなく、自己否定的に心の中に入ってしまう。返事は「ありがとう」と相手の言葉のエネルギーをすべて自分の中に入れておくことができればいいですね。

④あなたの安心する場所はどこになりますか？

正解は「家」。無意識に自分の部屋とかお風呂場と言っていませんか?1番よくないのは、仕事場……ひょっとしたら家に帰ってきたくないなにかが……。「家」は、なぜ正解なのかといいますと「家」を構成しているメンバーが無意識に落ち着いて相互作用的に良い影響していることになる。「自分の部屋」と答えた方は、今、もう一度、自分「家」の良さ、家の人とのコミュニケーションをとって再発見してみましょう。「家」があなたの癒しの場、落ち着けるような場になりますように……。

⑤「その髪型変だよ」と言われた時の返事は?

子どもから言われた時と、友人から言われた時の返事は一緒ですか?

この答えを自分の立場で返したのか、それとも相手の感情に巻き込まれたのかによっても関係性が変わってきます。まずは、「いいとか、悪いとかの気持ちを伝えない、事実を事実として返す言葉からは行って見ましょう。「そうなんだ、そんなふうに思っているんだよね」「そういう風に感じたんだね」……まずは、相手の言葉を「受容」してあげましょう。それからの返事が重要となります。もしあなたが「それだったら、もう着ないでおこう」とか「私に合わないのだったらこの服あなたにあげるよ」……って返事は避けましょう。相手の思うがツボですね。たぶん、その友だちは、昨日、彼氏と言い争いがあったのかな……それで、気持ちが冷静ではいられなく、優しいあなたをストレスのはけ口にしようとしていたのかもしれませんね。いい返事は自分に素直にですが「あなたに私の服が似合うかどうかはあなたには関係ないよ」とか「そうなんだ……それで……」とかが自分に素直な解答ですが、友だち関係がちょっと崩れてしまうかもしれませんね。じゃあどのような返事がいいのでしょうか?

まずは、相手の言葉を聞いたとたんに、悲しそうな表情を作って、右手を胸に当てながらゆっくりと「その言葉……ちょっと傷ついたかな～」「その言葉に今日何もする気がなくなってしまった……」とゆっくりと返事してください。このゆっくりと返事をする言葉のもつ意味が重要となる。あなたが、ゆっくりとその言葉を相手に伝えている間は、相手はあなたの表情と言葉を聞いている。それが「あ～悪いことを言ってしまったかな～と反省する時間」に変わっていくと考えられる。つまりは、相手に反省を与える時間となることがポイント。できるだけあなたの返事をゆっくりとしてみよう。

⑥あなたの友だちが「わたし短気でダメですよね」「わたし人見知りでだめですよね」と言われた時の返事は何と言いますか？

一般的には、「そりゃあ、だめだよ。あなたが一番分かっているなら止めないとね」と返ってくる確率が高いと思います。それは、正論なのですが、専門職者がその言葉を聞いたらまずは「短気はいいですよ」「人見知りいいですね」と全面的に伝えてあげてください。その言葉を相手はずっと待っていたからである。その時に相手は必ずどうしてですか？　と聞いてきます。どのようにその意味の説明を伝えますか？

「短気は、私にとっては、短い言葉で自分の想い、気持ちを表現できる人だと思いますよ」「短気は、私にとっては、自分の想いをすぐに前に押し出せる勇気のある人だと思います」ポイントは「私は」という言葉を入れて伝えること。一般化できにくいということも考えられるので個人的な見解という意味合いでも「私にとっては」を入れて伝えてあげてください。

⑦「今日のこの講座が終わってから、夕食に○○○○に行きませんか？」と誘われた時の断り方は？

Ａ：①「あ～ちょっと用事あっていけないのよ。ごめんね……」

Ｂ：②「ごめん、ちょっと仕事が残っていて行けないのよ……」

Ｃ：③「だめなんよ、これから○○さんと……」

というような返事をしていませんか？　この断り方を続けていると今後、Ａさんが誘ってくれる確率が低くなると予想できます。Ｂさんの返事をみてみると返事の最初の部分が自分の立場で断ってしまっている雰囲気が相手に伝わってしまっていると思います。気持ちはわかるのですが、せっかく、友だちがいっぱいいる中でBさんを選んでくれたことに対する気持ちをまずは返してあげることができれば、また誘ってもらえる確率は高くなると思われます。では相手のAさんの立場で返事をするとどうなるでしょうか？　「**誘ってくれてありがとう**。でも今日はこれから用事あっていけないですが、また誘ってくれたら嬉しいです」つまりは、「相手の気持ちをしっかりと受け止めた言葉を伝えて（プラスの感情）から、自分の意見を伝えること」ですね。断り上手はコミュニケーションの上達につながります。

⑧ 苦手な人とのかかわり方は（専門職としての自分と自分自身）

ストレングスの視点（相手の良いところ、長所に気付いて強めてあげること）をもってかかわることが重要です。人には、必ずいいところ、認めてあげられる部分を持っています。それを言葉で伝えてあげられることが大切です。そのうえでエンパワーメントです。よいところを強めて引き出してあげましょう。昭和の婚活テレビの中でのあのセリフを思い出してみてください。「初めて会ったその日から恋の花咲くこともある……」を「初めて会ったその日から、より良い人間関係になるためにいいところを探してみよう」ですね。

⑨ 自分の自慢を1つだけ隣に座っている人に言ってください。

自分の自慢、小学校、中学校……いつの時代でも自分自身のいいところを振り返ることは、今をより豊かに過ごすことが可能になります。今の悩みを乗り越えるヒントがあるかもしれない。また、自分の自慢が言える人は、相手の自慢もしっかりと聴くことができるのです。

⑩ 今日の楽しみは何ですか？（3秒以内で答えられますか？）

今日の楽しみは、自分への今日一日頑張ったご褒美に変わることが多いです。そのためにも今日一日頑張ったと言っても過言ではないはず……。言えなかったら、このようなちょっと辛い状況がずっと続いていくような感じがしてしまうと思われます。目の前に楽しいこと、おいしいものを置いておくことが今の自分を奮い立たせて取り組めるようになるかもしれませんね。

2 専門職者としての自分と本来の自分について

この節では日頃あまり意識していない自分自身と専門職者の自分について次の11の質問を通して、考えていきたいと思います。

○専門職としての自分についての質問（職業は自分の鎧を着ている時）（専門職とは？）

①専門職者としてのやりがいとは？

（電話相談者のやりがいとは何でしょうか？）

②子どもとかかわる前の自分自身の心の中の整理をしておこう。

③職場に着く前、心の中に悩みがいっぱいの時に、無意識のうちに口から出る言葉とは何ですか？

④自分が担任しているクラスの子どもの中に苦手な子どもはいますか？

⑤子どもの「問題行動」とは何ですか？　あなたにとっての「問題行動」とは？

⑥自分の職場についての自慢を1つでも2つでも（職場を取り巻く社会資源）。

⑦自分が担任しているクラスの自慢は何でしょうか？

⑧専門職者の自分と自分自身との、めりはりはつけられますか？

⑨余裕の（　　　）ところに（　　　）はない。

⑩余裕を作るポイントは何ですか？（まずは深呼吸⇒心を落ち着かせて気持ち変え⇒余裕）
⑪達成感を心の中に充実させ、「普通」という意識にならないための秘訣とは？

○専門職としての自分についての質問の回答

①専門職者としてのやりがいとは？（電話相談者のやりがいとは何でしょうか？）

このやりがいをしっかりと自分の心の中で育ませることができれば、達成感も日々感じることができます。特に電話相談は、私自身、対面の相談以上にカウンセリングは難しいと感じています。対面での表情が電話相談では読み取れなく、声の表情で読み取っていかなければならないように対面以上の集中力が重要です。たぶん電話相談のやりがいは、電話をかけてこられた方が電話をかけてこられなくなったことをうまく自分で解決したと思わざるを得ないかもしれないと感じる。「解決できました」の一言があればはっきりとわかるのですが……。

②子どもとかかわる前の自分自身の心の中の整理をしておこう。（注意する無意識の言葉〔なんか……〕⇒心の中が悩みで充満していると思われます。）

悩みが充満しすぎて、悩みに向き合うことが難しく、もわーっと心の中にくもがかかっているようなイメージになることが多いです。まずは、どの悩みが今、最初に解決していきたいのかを明確にしていきましょう。無意識になんかしんどいな～とか、なんかえらいな～とか言っていませんか？　その時は、心の中がイエローな状態であることが多いと考えられます。まずは向き合って明確に悩みと向き合ってみよう。

③職場に着く前、心の中に悩みがいっぱいの時に、無意識のうちに口から出る言葉とは何ですか？

前の回答と同じで、なんか辛いな～、なんかいやだな～、なんか……という言葉がため息とともに口から吐き出すように出てきます。「なんか」の後にくる言葉はマイナスのネガティブな表現が多いので、逆にポジティブな言葉を意識的に使ってみましょう。言霊もありますよ……。

④自分が担任しているクラスの子どもの中に苦手な子どもはいますか？

自分のクラス30数人いろいろな個性を持った子どもたちがあなたの目の前にいます。30数人すべての子どもがあなたのことを好きだと言ってくれれば指導も入りやすいのですが、現実そのようにうまくは回らない。クラスは、小さなコミュニティといえる。いろいろな個性を持った子どもがいることがあたりまえである。苦手意識をもつと必ず相手もあなたに苦手意識をもつので、苦手な子どもはいることを前提として、「苦手な子どもだけれども、こんないいところをもっている……」を見つけてあげることが専門職です。

⑤子どもの「問題行動」とは何？　あなたにとっての「問題行動」とは？

問題行動として捉えるのではなく、だれもが発達上の課題をもつような課題行動として捉えてみることが大切。「問題」という枠組みを外したところから子どもの理解が深まっていきます。

⑥自分の職場についての自慢を1つでも2つでも（職場を取り巻く社会資源）

自分自身の自慢も大切ですが、自分が所属している職場などのいいところを意識することが職場全体の成長につながっていくと考えられる。「チーム職場」ですね。

⑦自分が担任しているクラスの自慢は何でしょうか？

クラスをまとめようとすると、逆にまとまらなくなっていくことが多いです。クラスに通う子どもたちがこのクラスでよかった、担任さんでよかったと思えるような仕掛け、雰囲気づくりを心掛けてみましょう。

⑧専門職者の自分と自分自身との、めりはりはつけられますか？

まずはイメージトレーニングをしてみよう。職場に入る寸前に、「鎧を着て、さ～これから職場に入るぞ～」と職場用の頑丈な、あなたを守る服で入ってください。職場から出るときは、その鎧を置いて、自分自身の身軽な服装に着替えるイメージで気持ちを変えることができればいいでしょう。

⑨余裕の（　ない　）ところに（　しつけ　）はない。

余裕のない表情は心の感情も暴発しそうな様相です。子どもに対して怒ってしまいそうな雰囲気にもなります。子どもがそのようにせざるを得ない理由が必ずあるのでまずは聴いてあげる余裕をもちましょう。行動には必ずその行動を揺れ動かず心の揺れ幅があります。まずは「……ということをえざるをえなかったんだよね」と語りかけてあげてください。

⑩余裕を作るポイントは何ですか？（まずは深呼吸⇓心を落ち着かせて気持ち変え⇓余裕）

今日の楽しみ、明日の楽しみ、1週間後の楽しみ、1か月の楽しみ……自分へのご褒美。達成感を感じて前向きに歩いてみましょう。

⑪達成感を心の中に充実させ、「普通」という意識にならないための秘訣とは？

まずは、次の日にやらなければならない仕事を就寝前に1……、2……というように手帳に書き出してみよう。当日、昨日書き出した仕事が1つ終了した30分以内にその1……を二重棒線で消そう。それが30分以内でないといけない理由があります。それは、達成感は生ものなので、30分が経過してしまうと「できてあたりまえ……仕事なんだから」というような気持が湧いて達成感どころではなくなり、次から次に仕事の波にのまれていく。30分以内に消したときの感情として「……終わった……ちょっと疲れたけど、さ～次に行こうか……」と、心の中に達成感が広がっていくからです。ぜひ、皆さんもやってみてください。百聞は一見に如かずです。

◀3▶　子どもの話を上手に聴くための４つの視点と10のコツと22のポイント

親子の上手なかかわりをちょっと意識的に行うことによって、自分の心の中に余裕が生まれます。その余裕を生かしながら次の視点とポイントを考えていきましょう。

(1) 子どもにかかわる４つの視点

① 子どもの発達過程を理解しながら、それに合ったかかわり方などを考える。
② 子どもの自己肯定感が高くなれば、やる気、意欲も高くなる。子どもの周囲にいる人の言葉がけ、かかわり方の工夫の必要性を理解する。
③ 子どもの考える力が育つと、我慢する力が育まれると同時に個々の目標に向かう選択肢が増え、可能性が高くなる。
④ 親の性格の把握、生き様を自己一致させながらストレスマネージメントを行う。

(子どもの話を聴いてあげる保護者の心の余裕と許容量を拡げること。また子どもの経験が増えれば余韻がプラスのモチベーションに変化する)「気持ちの変化 ⇓余裕がうまれ ⇓言動が相手の立場で納得に至る」

(2) 子どもにかかわる10のコツ

1．子どもが話す内容をまずは「うん、うん……、そうなんだね……」とじっくりと聴いてあげること。また子どもの話を途中で折らないよう注意。

2. 子どもの言葉を否定せず、まずは受容して、共感してあげること。
3. 子どもと一緒に悩みつつも、外見では、親がどっしりと構えて聴いてあげる姿勢をもつこと。
4. 親の意見のみを伝えることはよくない。子どもが話すパーセントを80％以上にすると納得することが多くなる。
5. 子どもが親に伝えたい内容、または、「子どもが……というように今、感じているんだよね」と気持ちを代弁してあげる。
6. 子どもの悩みは頭の中でぐるぐると錯綜していることが多く、何かしら不安でいっぱいになっている。少しでも子どもの不安の想いをはっきりと明確に整理してあげる。
7. 子ども自身の自己選択、自己決定、自己責任が重要。親の意見を優先するのではなく、子どもの環境で子ども自身が自分で考えられるように導いてあげる。
8. いろいろな解決への方法を親と一緒にゆっくりと導いてあげる。
9. 子どもの気持ちが落ち着いたら、おいしいご飯の話題を提供してみる。
10. 今の状況は、ずっと長く続くことではない。子どもと今、この時を一緒に向き合うことが、後の子どもの強さと勇気に変わっていくことを親が理解しておこう。

(3) より良い人と人とのつながり22のポイント

① 親の過干渉、過保護の意味

子どもに失敗させないように先回りをしない。学童期の子どもの失敗は後の発達に力強く生きる力に代わる。親の心情はわかるが……。小学校での失敗、先生から叱られた経験がのちの成長にプラスの影響を与えることができる。叱られないようにするよりも、叱られて帰ってきた子どもに、一緒に叱られないような考えを引き出してみよう。

②環境を変えると、今の状況も変わる（基本は相手に余裕を持たせて、今をプラスに変化させながらモチベーションを上げていく）

・親の価値観（～しないといけない➡～するに越したことはない）

・カラーセラピー（家の中の配色、位置を変えてみる）

・ゲームなどをやめさせたいときの工夫（まずは、子どものゲームを親が一緒にやろう。ゲームを一緒にすることができた時は、子どもの心の中に入ることができたことになる。その子どもの心の中に入って、子どもから発言させるような仕掛けをする。一方通行的に子どもに伝えることは子どもにとっては圧力になってしまうことを注意すること。一緒にゲームをしながら子どもから言葉を引き出し（○○君明日大切な何がある？　明日、中間試験があるんだね）約束させて（あとどのくらいでゲーム終われそうかな？）子どもの笑顔で勉強などをやってもらおう。）

③どのように子どもが悩むのかを観て、聴いてみる（悩み方の工夫）

・こちらが先手を打ちすぎないようにする。（子どもができそうなことは、待って見守る。過干渉よりも過保護に。）

・子どもから自分の心にある気持ちを意識させながら言葉で相手に伝える工夫をする。

Ａ：小学校２年生までは子どもから質問があったら答える。

Ｂ：小学校３年生からは子どもから質問があったら答えない（子どもが今何を考えているのかを気持ちを通して言葉にして相手に伝えることの練習をしてもらいましょう。「お母さん、地球は丸いの？　う～ん難しいね、○○君はどう思う？」というように、質問してくる子どもの心の様相は答えを少なからず持っていることが多い。早く答えが知りたい、だから親に質問をしてくる。これがパターン化されると、高校になっても大学に行っても社会人になっても……自分で考えなく親に頼る子どもになってしまうと考えられる。）

④子育て観として「できない事をさせるよりも、できることをさらに伸ばしていく」
・できない事に向き合う力が少しずつできてくる。
・できない事へのプロセスの中にその子なりの努力の跡がしっかりと残されている事を伝えてあげる。

⑤一緒に～をする
・習慣づける事で「せざるをえなく」なることが大切である。

⑥アイメッセージで伝える工夫
・「お母さん、あなたが～してくれたら嬉しいな」など自分を主語にして気持ちを伝える。

⑦ほめることと叱ることの発達における2つの視点ポイント
・幼児期：いい子だね、えらいね、すごいね、よくできたね。
・児童期以降：できた結果よりも、どのように子ども自身がんばってきたか、またその努力の足跡を言葉にして伝えてあげる。

⑧子どもが、今何かをやっていることを親の価値観で止めさせたいときの方法
・今、何かを親が子どもに止めさせたい時、子どもに何らかの心の余裕をもたせて、子ども自身が自分の心に向き合い、その心の許容量により、納得して止めることが大切。（あと10分……）親の側の価値によって、子どもが納得しないで無理に止めさせると、負の強化になり、今以上によくない関係になる。

⑨ 達成感の30分以内にしっかりと自己肯定感を親が育みましょう

・30分を過ぎてしまうと、できたという実感が徐々に薄れて「できてあたりまえ」「普通」になってしまう。「こういうことはできたね」と目標に向かっての段階を親と一緒に確認しながら子どもに伝えてあげましょう。

⑩ 子どもの言動が周りにどのような影響を及ぼしているのかを伝える。

・電車に子どもと乗った時、目の前に立った高齢者の方に席を譲った時にどのように子どもをほめますか？（席を譲った時に座っていた高齢者さんが、あなたにありがとうって言ってたよ……）その行動の意味を子どもに伝えてあげることが大切である。子どもは、あたりまえの行動をしただけに思っているから。

⑪ 思春期におけるかかわりの事例

「お母さん、僕塾やめたい、部活やめたい」といってきた中学２年生の淳君、あなたはどのようにポジティブに相手が考えられるような返事をしますか？

それを余裕のあるコミュニケーションと余裕のないコミュニケーションに分けて以下の質問に実際の言葉を考えてみよう。

「お母さん、ぼく、塾やめたい。」急に子どもから言われると、どうしてもその理由を聞きたくなり「なんで塾やめたいの」「どうして塾やめたいの」「塾やめたらもっと成績が落ちて……」となってしまうことが多い。子どもから出てくるマイナスの言葉「やめたい」という言葉を、返事をしている親も何度も使ってしまうと負の強化になり、もう絶対「辞める」

ということになる。またその言葉を聞いて子どもが返事するとしたら「いややから……」「いきたくないもの……」などなどその返事を親が聞いたら、よけいに塾に行かせたい気持ちが強くなり、今以上の強い口調でまた正論で子どもの逃げ道を塞いでしまうことの返事につながる。また今以上に子どもは辞めたいという気持ちを強化させていくでしょう。子どもが本当の気持ちを親に伝えることができず、今以上に塾がいやになる以上に勉強が嫌いになってしまいそうである。

では、どのようなコミュニケーションをとればよかったであろうか。望ましい結果は子どもが自分自身で納得して塾に行く気持ちを高めていくこと。悩んでいるという気持ちを「行きたくないけど、行かなくては……」正解はないが、親自身がその時々の子どもの様子や言動を冷静に受け止めていく冷静さと余裕によると思う。一般化することはできないが一応の対応としては次の方法が考えられるので参考にしてほしい。

ポイント

「子どもがポジティブ思考で悩むような仕掛けを、親からの返事ですること。」

まずは子どもの言葉を分節に区切ってみよう。

子ども「お母さん／ぼく／塾／辞めたい／……」その言葉の1つひとつを取り出して、マイナスの言葉をプラスに変え子どもに返してあげる方法。「辞めたい」という言葉の逆は「続ける」ですね。言葉の前後を少し変えて

親「そっか、〇〇ちゃんは、今、塾を続**けようかどうしようか**すごく迷っているんだよね、一緒に考えようね……」

親「そっか、〇〇ちゃんは、今、塾を**行こうかどうしようか**すごく迷っているんだよね、一緒に考えようね……」

子ども「うん……すごく悩んでいる……」

親「行かないといけない気持ちとやめたい気持ち、今は、どちらが何パーセントぐらいなのかな？」

子ども「う～ん、やめたい気持ちは80％かな？」

親「じゃあ、行かないといけないと思っているのは20％ぐらいだね」

子ども「う〜ん、それぐらいかな？」というような会話から子どもの本音が聞こえてくることがある。子どもの悩みをまずは親が受け止めてあげられる余裕があるかどうかで今後の道筋が変わっていく。親の感情（イライラ感、モヤモヤ感）がもし心の中にあふれていたら正論で子どもの気持ちを聞くどころか親の気持ちを最優先で子どもに一方的に言ってしまうことになる。

ポイント

「どうして」「なんで……」という言葉を先に使わないで子どもの気持ちにまずは寄り添ってみよう。

以上のポイントを参考にして次の問題をやってみよう。

「施設の職員が、仕事辞めたい」と言ってきたときの同僚としての返事は？

より良い返事としては、「〜を続けることで今よりももっとあなたの理想のSWに近づくね」「もっと今以上に、スキルアップして自分の夢に近づけるよう私も協力しますよ……」「あなたが今感じていることは他の職員さんも感じてると思うよ、より良い施設にするためにまた、利用者さんの笑顔がいっぱいあふれるような施設を一緒に考えませんか？」

「そうですね、そんな日も、時もありますよね……」

⑫ ストレスマネージメント

ストレスは、環境からくるもの、人からくるもの……がある。特に人から受けるストレスをどのように関変えて変化させるのかが大切である。また、仕事上では、常に達成感を感じることが、仕事を長く続けていける1つの方法となる。

具体的には、次の日にしなければならない業務を1～、2～という風に記述して寝ること、(寝られない原因は、頭の中で整理をしようと思うと返って、少し寝てまた目が覚めての繰り返しになる何かに書くことで具体的にも安心することで寝られるようになる)。次の日に、その業務が1つ終わった時に、30分以内に1～を朱で消すことです。30分が過ぎてしまうと、できてあたりまえという普通の感覚が出てきますので達成感は感じられなく足跡にもつかない。仕事はできてあたりまえではなく、その都度「できた」という感覚を少しの余裕の中で感じられたらよい。「仕事は生ものです」。

⑬将来像のイメージ化

3年後、5年後、自分はどのような専門職者でいるだろう？「○○施設のありようとは」を含めて、後輩の育成に当たってください。今を楽しむ気持ちは、そこで入所している方々にも強く心に残っていくもの。今の働いている職場の良い部分をさらに広げていければよい。

⑭今、働いている○○施設の理念の大切さ

皆さんのいる○○施設の理念を教えてください。○○施設理念は、年によってコロコロ変化するものではない。理念があってこそ、施設の目標、施設の目的が決められる。○○施設理念は、広く専門職者が入所児者にかかわる時の言動のもとになる考え方である。○○施設の理念を礎として、皆さんの気持ちがチームとして動いていることが実感されればよい。また、理念をもとにして、皆さんの保育施設での言動は、倫理綱領に記載されている。言動の背景になるしっかりとした倫理、価値、知識に裏付けされた言動を冷静さを持ってかかわっていこう。

⑮○○施設内におけるスーパービジョン体制の構築

同じ職種間における指導助言。日々の職場での生活の中で、管理的機能、教育的機能、支持的機能を持ち、経験年数の浅い職員に行うもの。それだけに保育施設全体を知っているだけでなくより良い職場環境の創生が重要となる。

⑯ 考え方の変化、マイナスの言葉をプラスに変えてみましょう（〜という長所につながっているのですよ）

Ａ：私、短気なんだけどだめだよね……

Ｂ：私、人見知りなんですが、よくないですよね……

どちらの答えもまずは、短気いいですね、人見知りいいですよ。と返事してあげましょう。その返事をずっと待っていたと思います。その上で、短気のいいところ、人見知りのいいところを返してあげてください。

⑰ 楽しみが見える形で具体的に目の前にあれば必ず、人はちょっと頑張れるもの。日常生活からの例が以下にある。一緒に考えてみよう。

朝ご飯を食べて、しばらくすると、いつも子ども（旦那）は、「行ってきまーす」といって学校（会社）に行きますが、今日に限って振り返って、「お母さん、今日の夕飯、何？」って聞いてきました。どのような返事がよいだろうか？いつもしないことをするときは、何らかのＳＯＳを出している。昨日学校（職場）でよくないことがあったと推測できる。その時は少し後押しをしながら笑顔で出させてみよう。毎日に暮らしの中で食事の好きな食べ物をこの時に伝えてみよう、きっと笑顔で出ていくことができると思われる。「よかった、今日あなたの好きな〇〇を作ろうと思っていたよ」

⑱ 尊敬されたい中２の男の子をもつ親の例

Ａさん「先生、ちょっと聞いてくれますか？　この前、中学２年の息子が私のことをクソババアって言われたの。もう腹が立って……、ほんとにあの子ったら親を親とも思わずに……尊敬のその字もありませんわ。どうしたらいいんでしょうか？」

お母さんが子どもから尊敬されたいという気持ちは、そのことから伝わってくる。お母さんが尊敬する人はだれですか？「そうですね、リンカーンかなぁ」お母さんの尊敬する人はちょっと遠い人ですね、身近に尊敬する人をもっと、今の子どもさんへのかかわりが見えてくると思われる。

⑲はっきりとしない、理由を聞く言葉は最初に使わない

「しっかり」「きっちり」「なんか」「なんで、どうして」「いつも～」「絶対」「前も…」を使わない。それよりも、その子どもがその行動、言動をしなければならなかった気持ちを共感してあげよう。そうせざるを得ない気持ちに寄り添ってあげよう。

⑳モチベーションの育み

楽しさ、おもしろさ、わくわくさ、おいしさなど、何かを行う前に実感として湧いてくると達成感がより強くなる。「ちょっとやってみようかな……という気にさせる事が大切」「子ども自身がやりたくなることの選択肢を周りの大人が広げてあげる」導入をどのように考えるのかが重要。わかると楽しい。知ると楽しい。理解すると相手に話したい。

㉑いやなことを言われた時に……

「その服に合わないよ……」といわれた時、「ただ笑っていたり」「え～……」「そうなんだ……」「じゃあもう着ないでおこうかな……」ということを言わないかかわりを心がけよう。

まずは「ありがとう、自分では気づかなかったよ……でも自分では気に入っているんだけどな……」、「あ……ちょっとその言葉にショックだったな……」と言えると相手に反省を促す時間ができる。

㉒「キレない」子どもに育てるポイント（子どもの行動を全て「○○せざるをえない」という言葉をつけて、その言動の背景に注目してかかわりましょう。）

A：子どもが何かを質問してきた時は即答せずに「う～ん難しいね。○○ちゃんはどう考えているの」と、子どもが今、考えていることを言葉に変えて相手に伝えること。

B：考える力を生活の中で育む。単純に言えば、こわれたらすぐに買い替えるのではなく、工夫しながらそのプロセスを大切にする。要は０か100（できたかできなかったかという視点ではなく）その間、プロセスを重要視すること。

C：食生活を見直す。（乳児期からの砂糖の取りすぎは、低血糖症、カルシウム不足につながり、心のバランスを崩す。イライラしたり、感情のコントロールが効かなくなる。）

D：より良い睡眠状態をつくる。

★ワーク１　今、目の前にいる子どもから学んだこと、いい所を10個探してください。

①　　②　　③
④　　⑤　　⑥
⑦　　⑧　　⑨
⑩

★ワーク２　「人間」……人の間にはいったい何があるのでしょうか？

人と人との間にあるのは「心」です。その「心」をどのように育んでいくのかが周りにいる大人である一人一人に課せられた課題です。

その課題をいつもより、ちょっと斜めに見たり、横から見たり、後ろから、上から角度を変えながら見てみよう。それにはまず、自分自身の中のこころの余裕を積極的に作れるようにしていこう。

「気持ちを変えれば、心に少しの余裕が生まれてきます。余裕ができれば顔の表情や言動が変わります」

まずは、やってみましょう、参加してみましょう、ちょっとプラス思考で考えてみましょう。何もやらずに後悔するのか、やってから後悔するのかの違いです。やってから後悔する方が、次へのモチベーションが高くなります。

「過去」と「相手」は変えられません。だからこそ自分自身を信じてちょっとずつ変えてみましょう。愛おしい自分をちょっと、いたわりながら、まずは自分の良さに気づいてあげて、既存の枠組みを取りさって、自由気ままな自分を先ずは楽しんでいこう。それから相手にかかわってみてください。**つまり「素敵な自分に出会い、素敵な自分を信じて、かけがえのない自分を変えて、自分っていいね～の良さの再発見でした。」素敵な自分に出会いましたか？**

第章 病院などにおける専門職としてのコミュニケーション

はじめに

患者・家族にとっては、医療機関を訪れることに心配がつきものである。受診する場合、「自分の気がかりな症状は、深刻な病気でないだろうか？」「症状や治療が長引くのはつらいなあ」「このつらさをきちんと分かってもらえるだろうか？」などという心配を抱えながらも、「いやいや。考えすぎだ」「きっと大丈夫なはず」と自問自答しながら自分を落ち着かせようと待ち時間を過ごす人は多い。

本章では、保健医療分野で患者・家族にかかわる多職種に求められるコミュニケーションについて解説する。

 保健医療とコミュニケーション

(1) 医療を取り巻く環境の変化とコミュニケーション

筆者は１９９０年代半ばより急性期病院の医療ソーシャルワーカーとして働き始めた。当時はがんなどの悪性疾患と診断された場合、患者本人に告知する前にその家族へ医師が診断を伝え、「ご本人にどう伝えますか？」と家族に尋ねることから告知の仕方や治療方法の選択を始めることが日本の医療現場の多くで行われていた。

医療法第3次改正（1997年）以降、徐々に病名告知のあり方や患者本人が治療方法や今後の過ごし方を選択できるように医療者が説明するインフォームド・コンセント（informed consent：説明と同意）が浸透し、専門用語や検査の数値の羅列ではなく、患者・家族が理解できるような内容を対話や書面を通して伝えることが重んじられるようになった。そして、療事故などの医療訴訟も増えるようになり、薬の副作用（副反応）や手術前の説明についても、より慎重で丁寧なコミュニケーションが求められる時代へと移り変わったのである。

インフォームド・コンセントとは、患者本人が納得できるように医療職から病状や治療について説明され、これから受ける治療について患者自身が同意できることを意味している。説明を受けた上で自分の治療方法を選択するインフォームド・チョイス（informed choice）がなされるという、患者と医療職が相互に誤解のないように進めるべきプロセスであるが、患者にとっては、検査や手術、麻酔の同意書などと多くの書類へのサインを求められることが増えており、一方的な説明と事務手続きという一連の流れとして過ぎてしまうことがある。一人の人生の中で起こった「治療と回復の過程」をより個別な体験として扱い、入院期間や治療に要する時間を患者が孤独に感じることなく、安心感を得られる対話をできることが医療現場で働く各職種に必要となる。

（2）生活習慣病予防や健康教育につなげるヘルスコミュニケーション

少子高齢社会となった日本では、健康寿命を伸ばしできるだけ病気療養や介護を受ける年数を短くするような生き方が着目されるようになり、国民医療費の抑制をめざすためにも予防医療に関する対策が重要とされている。

従来のコミュニケーションは対面でどう伝えるかが中心とされてきたが、広報誌やホームページ、インターネット動画配信というメディアを使った健康教育に関する伝達手段も増えている。医療・公衆衛生分野を対象としたコミュニケーションをヘルスコミュニケーションといい、医学研究の成果を一般市民に分かりやすく正確に伝えることにより、市民の健康行動や医療行動の変容につなげることについて関心が高まっている［日本ヘルスコミュニケーション学会 2021］。(1)

奥原［2021］によると、市民の健康増進や患者の病気の予防、早期治療、重症化予防を目的として、各保険者が実施する保健指導を受ける被保険者および被扶養者が増え、生活習慣の改善につながるような保健医療の観点で望ましい行動をとってもらい、望ましくない行動を控えてもらうために、市民や患者の行動変容をうながす伝え方によって、健康情報をわかりやすく説得力のあるものにすることができる（表10－1）［奥原 2021：iii－x］。

この10原則に応じて健康保険組合の広報紙やがん検診の案内を改善することにより、保健指導面談の実施率や婦人科検診の受診率が向上している事例がある［奥原 2021：144－163］。

◀2▶ 医療ソーシャルワーカーによるコミュニケーション

（1）医療ソーシャルワーカーと退院支援

医療ソーシャルワーカー（medical social worker：以下、MSW）とは、保健医療機関に所属するソーシャルワーカーを指し、基礎資格は社会福祉士となる。また、保健医療機関の中でも、精神科病院や精神保健福祉センターにおける精神障害のある人やその家族への支援には精神保健福祉士が携わっている。

MSWがかかわる相談内容は主に、①療養中の心理的・社会的問題の解決、調整援助、②退院援助、③社会復帰援助、④受診・受療援助、⑤経済的問題の解決、調整援助に関することであり、このような相談や患者のニーズに応じた支援を展開できるように地域の保健医療福祉システムとネットワークを構築する⑥地域活動を含めた6つが、「医療ソーシャ

表10－1　人を動かす10原則　――お薬、シメジのシチュウ――

01	オ：驚きを与える	06	メ：メリット・デメリットで感情に訴える
02	ク：クイズを使う	07	ジ：情報量を絞る
03	ス：数字を使う	08	シ：シミュレーションしてもらう
04	リ：ストーリーを使う	09	チュ：中学生にもわかるように伝える
05	シ：視覚的・具体的に伝える	10	ウ：受け手の視点で考える

出所）奥原剛［2021］『実践 行動変容のためのヘルスコミュニケーション』、大修館書店、PA viiiをもとに筆者作成．

ルワーカー業務指針」において業務の範囲として示されている［厚生労働省 ２００２］。

２００８年度診療報酬改定において退院調整加算が創設され、２０１８年度改定以降は入退院支援加算と改称された。それまでもＭＳＷの業務の範囲とされていた退院援助に関しては、入院早期に患者の社会的ニーズを把握するために退院困難となる要因をスクリーニングし、患者・家族と面接を行い、主治医、担当看護師、リハビリテーションを担当する理学療法士など多職種チームで退院に向けての治療と支援にかかわることが診療報酬上評価されるようになった。

また、病院機能分化が進むことにより、急性期病院での入院期間は10〜14日程度に短縮されていき、かかりつけ医機能、外来、検査、入院治療、リハビリテーションと1つの病院がすべての役割を担っていた病院完結型医療から、患者の住む地域の中で、病態に応じた治療および療養場所に移行する地域完結型医療への転換が進められている。

このような医療提供システムの変化に応じて、ＭＳＷは短い入院期間のあいだに患者・家族と信頼関係を築き、予想される退院時の状態や患者・家族の不安を院内チーム職員、担当ケアマネジャー（介護支援専門員）などの多くの職種と共有しながら退院後の生活準備と問題解決にかかわることが必要となった。急性期病院での治療後に回復期リハビリテーション病棟のある病院などにスムーズに転院できることは、患者の回復に必要なことであるが、患者の状態や入院見込期間という患者情報を院内チームとＭＳＷの職員間でやりとりすることを中心に、ある程度の方向性を考えてから患者・家族との面接を行うＭＳＷがいるという現実を残念に思う。限られた入院期間で担当患者の退院支援を進めなければならない状況であっても、ＭＳＷは患者・家族との信頼関係に基づいて問題解決に進むという基本を忘れてはならない。

（2）インボランタリーなクライエントへのアプローチ

患者・家族がＭＳＷのいる相談室や地域医療連携室へ直接相談に訪れることより、入退院支援を中心に社会的ニーズがあると思われる患者・家族への相談が院内職員からＭＳＷに依頼されたり、入院時のスクリーニングによってＭＳＷのかかわりが開始されることが増えてきた。患者・家族の中には、社会福祉の立場で相談にのってもらうような理由やニーズを自覚していない段階や、主治医から病状説明を受けても退院後のことまで想像できないという段階で、MSWと話すことを主治医や担当看護師に勧められることがある。

自ら問題解決したいという動機があり相談室を訪れる「ボランタリーなクライエント」に対して、だれかから相談にいくよう勧められてMSWに会うこととなる場合は、MSWの支援を受けることの意味や意義を理解していなかったり、相談すること自体にマイナスの感情を持っていたりする「インボランタリーなクライエント」といわれる［福冨2021：43-47］。

このような患者・家族との初回面接では、MSWが自身の役割を十分に説明することと、他職種がMSWに相談依頼した理由を患者・家族に対する心配として伝えることが信頼関係を築くために重要である。それでも、MSWと話すことに拒否的であったり納得できないような様子であれば、患者・家族が現在の状況をどう受け止めているのか、そして不満や怒り、不安といったことを中心に傾聴することから始め、「自分の話を聴いてくれる人」と受け入れてもらうことをめざすべきである。そして、MSWが支援に必要と考える入院前の生活歴などの情報を収集することは後回しにするべきである。

(3) 孤立を防ぐ関係づくり

患者・家族にとって長年に渡り解決できなかった生活問題や家族間の問題が、病気になったことから表面化することもある。専門職から見て支援すべきニーズがあっても、クライエントにとっては自ら解決すべき生活問題があると認知することが難しく、支援ニーズを表明できないこともある。そして、経済的な問題や家族間の問題が常態化したまま他者に支援を求めることができずに歩んできたため、現状に対する不満や不安が浮かばず、「『そうするしかない』と思って過ごしてきた」という患者・家族もいる。

パワーレスな状態を変えていくためには、治療や入院という医療ニーズのある期間に限った支援だけでは難しいものである。患者・家族のこれまでのやり方（対処方法）を認めて、十分努力してきたことへのねぎらいを伝えることから始め、他者からの支援を受けられることを理解してもらう必要がある。そして、退院や外来通院の終了を迎える段階では、担当MSWから次の支援者に引き継ぎ、地域での暮らしに戻ってから再び孤立することを防がねばならない。その際には、クライエントの経過に関する情報提供だけではなく、次の支援者とうまく支援関係が結べるように、次の支援者とクライエント、そして担当MSWが直接会う機会をつくることができるとよいだろう。

3　多職種連携におけるコミュニケーション

（1）職種間コミュニケーションによる相互理解

患者の治療に多くの職種がかかわるチーム医療を実践するために、各職種が協働または連携することが重視されるようになった。複数の職種がチームとなってそれぞれの役割を果たすには、まず患者の不安や希望を各職種が共有できるよう患者中心に考えることを共通の価値に位置づけていることが前提となる。

保健医療福祉の各専門職は、患者・サービス利用者・家族という対象となる人の治療や問題解決、そしてコミュニティでの課題解決やネットワークづくりに多職種でかかわっていくために、お互いの役割、知識、意見、価値観を尊重した双方向のやり取りができるコミュニケーション能力をもつことが求められる。しかし、それぞれの職種としての役割を分かっているつもりでも、具体的な行動や判断までお互いに理解できていないことが多いものである。

筆者が以前に参加した「他職種理解」をテーマにしたワークショップでの気づきを紹介したい。複数の職種が各グループに分かれて自分の職種について説明しあう場面で、ソーシャルワーカーの仲介機能について「人と人をつないだり、人と制度をつなぐ」と筆者は説明した。それについてあるメンバーから「『つなぐ』って、どうすることなの?」と質問されたことにより、ソーシャルワーカーの世界ではあたりまえに使っていた表現が通じないのだということに筆者は気づかされたのである。医療チームのメンバーやネットワークの一員として対等な関係で連携していくためには、相互に各職種への理解を深めることにより、それぞれの専門領域を尊重した職種間コミュニケーションがとれることをめざす必要がある。

春田［2016：40−42］は、多職種連携のために必要とされる4領域について説明している（図10−1）。

①職種としての役割を全うする

互いの役割を理解し、互いの知識・技術を活かし合い、職種としての役割を全うする。

②関係性に働きかける

複数の職種との関係性の構築・維持・成長を支援・調整することができる。また、時に生じる職種間の葛藤に、適切に対応することができる。

③自職種を省みる

自職種の思考、行為、感情、価値観を振り返り複数の職種との連携協働の経験をより深く理解し、連携協働に活かすことができる。

④他職種を理解する

他の職種の思考、行為、感情、価値観を理解し、連携協働に活かすことができる。

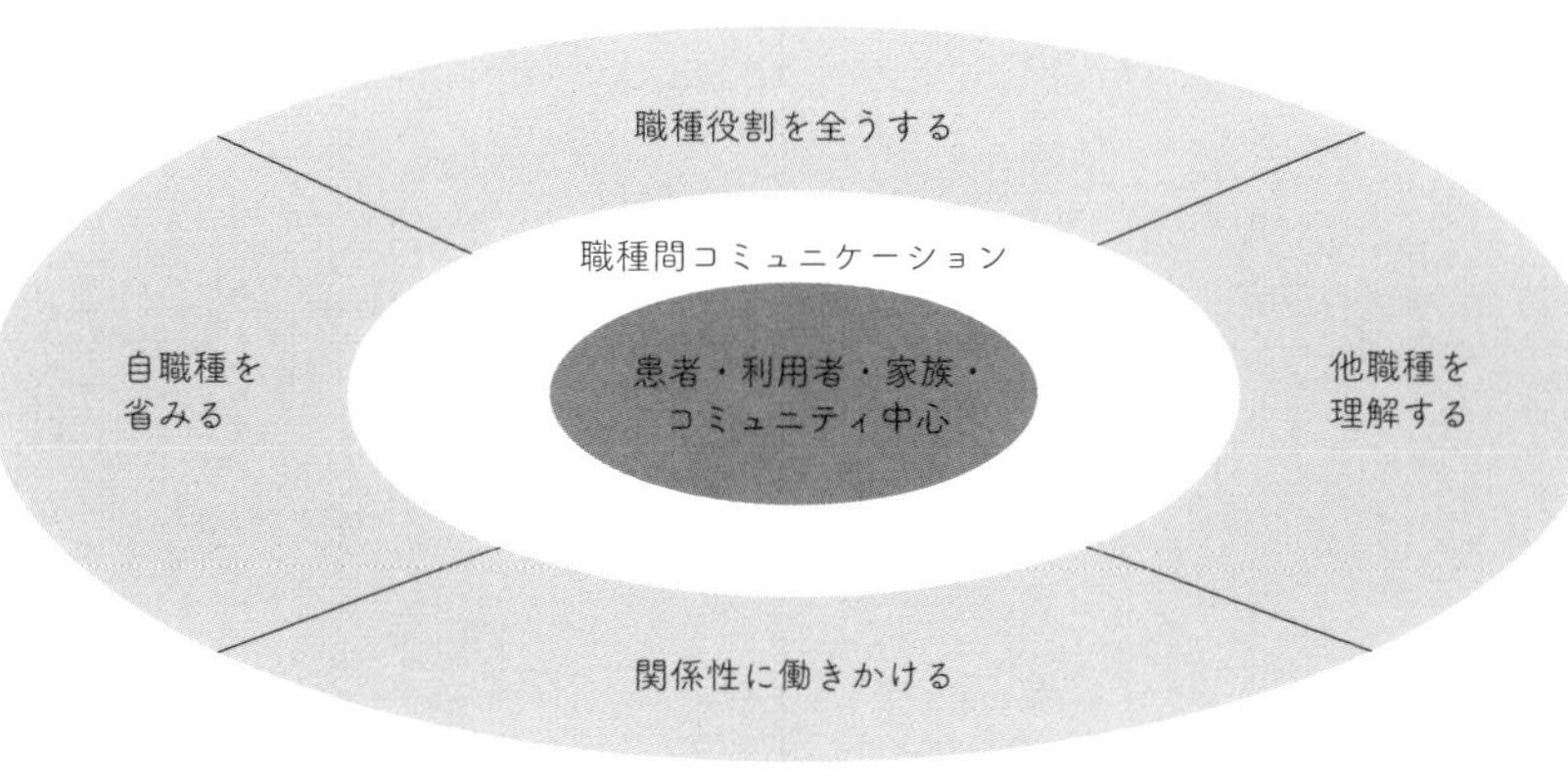

図10−1　連携コンピテンシーの対象者：医療保健福祉に携わる職種（日本）

出所）春田［2016:40］。

(2) ファシリテーション

多職種連携をうまく進めるためには、すべての保健医療専門職が持ち合わせておくべきコミュニケーション能力がある。「ファシリテーション (facilitation)」といわれる対話を促し、会議メンバーの意見交換が円滑で活発に行えるように立ち回る能力が必要である。

患者・家族と医療チームで今後の治療や退院後の生活に関して話し合う病院内でのカンファレンスや、介護保険サービスの利用者・家族の在宅介護の継続のために、ケアマネジャーとサービス提供事業者、その他保健医療福祉職が集まる地域ケア会議が行われている。ファシリテーションは次の4段階のプロセスがあり、その段階に応じたスキル (技術) があるとされている [野中 2014：93－95]。

① 第一段階：場のデザイン (場をつくり、つなげる)
参加メンバーを選び、日時と場所を決める。会議開始時には会議の目的やルールを確認し、参加者の緊張がほぐれるようなアイスブレイクを用いる。

② 第二段階：対人関係 (受け止め、引き出す)
それぞれの意見が出しやすくなるように質問し、互いに傾聴する。表情や態度などの非言語的メッセージも重視する。

③ 第三段階：構造化 (かみ合わせ、整理する)
出てきた意見をかみ合わせ、アセスメントやプランニングを確認する。

④ 第四段階：合意形成 (まとめて、分かち合う)
意見をまとめて、チームとしての意思決定を行う。これから取り組むことについての優先順位を付けたり、各課題のメリット・デメリットを明確にする。葛藤や対立があれば改めて話題とする。各メンバーの役割分担や

期限設定を具体的に行う。

(3) リフレクション

患者やサービス利用者、その家族にかかわる対人援助職には、自分の感情や行動をコントロールすることが求められる。そのために、各職種が自身の実践を振り返ることがリフレクション（reflection）であり、それによって自己理解と他者理解を同時に深めていくことが必要となる。リフレクションは日々の業務で自ら行っていることであるのだが、それをだれかに語ることによって新たな気づきが生まれ、対人援助職としての課題が自覚できることも多い。事例検討会で事例提供者となる機会や、経験の多い指導者からスーパービジョンを受けることに気が乗らないことがあるかも知れないが、対人援助職は支援を必要とする人にかかわる自分が常に問われる職種といえる。

また、施設や自宅での看取りを担当した各職種が人として深い悲しみを抱えながらも、他の患者やサービス利用者、その家族へのケアおよび支援を日々継続する責務があることも現実である。看取り後のスタッフカンファレンスなどを行い、それぞれのかかわりを客観的に振り返ることと感情を分かち合うことによって、さらに職種間コミュニケーションを高めることができるだろう。

おわりに

人はそれぞれ個性のある人生を送っており、ある時私たちは患者や介護サービスの利用者、またはその家族という役割を担い、さまざまな医療職や対人援助職と出会うこととなる。人生での重大な決断や選択を大切な人と理解しあうことができたり、意思疎通ができない状態の患者を前に「ご本人にとって何がベストなのだろう」と医療チームが考えたりするのもコミュニケーションのあり方で変わる。

人生の困難な場面での出会いから始まることの多い保健医療福祉専門職であるだけに、多くの人の癒しや希望につながることをコミュニケーションの喜びと感じてほしい。

注

（1）日本ヘルスコミュニケーション学会「ヘルスコミュニケーション学とは？」(http://healthcommunication.jp/，２０２１年11月23日閲覧)。

（2）厚生労働省［２００２］『医療ソーシャルワーカー業務指針』厚生労働省健康局長通知 平成14年11月29日健康発第１１２９００１号、公益社団法人日本医療ソーシャルワーカー協会（http://www.jaswhs.or.jp/upload/Img_PDF/183_Img_PDF.pdf?id=1122150530，２０２１年11月19日閲覧）。

参考文献

奥原剛［２０２１］『実践 行動変容のためのヘルスコミュニケーション』、大修館書店。

野中猛［２０１４］「出会いの場づくり」野中猛・野中ケアマネジメント研究会『多職種連携の技術――地域生活支援のための理論と実践――』中央法規。

春田淳志［２０１６］「日本の連携コンピテンシーとソーシャルワーカーに期待する役割」『ソーシャルワーク研究』42（3）。

福冨昌城［２０２１］「ケースの発見」、ソーシャルワーク教育学校連盟『ソーシャルワークの理論と方法［共通科目］』中央法規。

第11章 幼稚園などにおける専門職としてのコミュニケーション

はじめに

この章では、幼稚園と放課後等デイサービスにおける専門職の立場からコミュニケーション力について考える。日々の実践から見えてくる子どもたちの姿を捉え、集団の中でのコミュニケーション力の育ちがどのような姿から見えてくるのか、また、そこに携わる人たちのかかわりの中でのより良いコミュニケーションとはどのようなものであるのかについてふれていきたい。

1 集団の中で育ち合うコミュニケーション力

子どもたちが保護者のもとを離れて初めて体験する社会が、幼稚園、保育所、認定子ども園等の教育・保育施設での生活である。初めての環境の中で出逢う他者とのかかわりにより、子どもたちはさまざまな力を培っていくのである。

幼稚園教育要領の第1章総則においては「幼児の自発的な活動としての遊びは、心身の調和のとれた発達の基礎を培う重要な学習であることを考慮して、遊びを通しての指導を中心として……総合的に達成されるようにすること。」という文言で遊びの大切さが示されている。また、保育所保育指針、幼保連携型認定子ども園教育・保育要領においても、遊びを通しての生活や指導を行うことが明記されている。幼児教育施設においては、生活や遊びを通して、子どもたちの育ちを培っていく。コミュニケーション力の育ちは、集団生活を通しての、友だち関係や保育者とのかかわりがとても大切である。

幼児が「楽しい」「嬉しい」「大好きだな」「また、やってみたいな」「明日も幼稚園にくるのが楽しみだな」と思えるような生活が保障できるように、保育者はどのようなかかわりを考えていくことが必要なのかということを幼稚園生活における実践を通して考えていきたい。

事例1　ごっこ遊びを通してのトイレトレーニング

満3歳児クラスでは、6月頃から排泄の自立に向けて取り組んでいる。中には、トイレに行くことを嫌がる幼児の姿が見られる時もあった。子どもたち一人一人に、その子なりのタイミングがあるということを大切に、保育者がトイレに行くタイミングを見計らいながら無理のないように声掛けをしたり、オムツを変えるだけで済ませたりなどといった個人にあったやり方で変化をもたせ自立に向けてかかわっていった。中には、パンツに移行中の子どもが、「パンツは嫌だ」と拒否をする時もあり、そんな時は、どうしたら、自分から自主的にはくだろうか等のイメージを巡らせながら保育にあたっている。そこで、トレーニングパンツに移行し始めた7月頃から子どもたちとパンツ屋さんをしてトイレに誘うようにした。「今日は何のパンツにしましょうか？」「プリンセスのパンツですか、それともかわいいどうぶつさんパンツですか？」とたずね、子どもがパンツを選んだら「はい、100円です」と、エアーのお金をもらうしぐさをする。友だちが楽しそうにしていると他の子どもたちも集まってきて同じようにパンツを選んでお金を渡すしぐさを次々に始めた。そして、パンツ屋さんが7月はブームとなっていった。

ある日、一人の女児に「このパンツはめずらしいので200円です」と、いつもとは異なった声掛けをしたところ「お金は嫌だ」と拒否された。いつもと違う声掛けが原因で「気分が乗らないのかなぁ」と女児の気持ちの変化について思案していると、その女児が私に向かって「カードです。はい！」とカードを手渡すようなしぐさをしてきたのである。この意外な展開に、キャッシュレス時代を反映した現代の子どもの姿が映し出されているような気がして、他の保育者と共に、その場は笑いに包まれたひとときとなった。

事例1は、満3歳児クラスにおいての出来事である。満3歳児は自分の想いをはっきりと主張していく場面が多く、おもちゃや場所の取り合いをめぐり、友だちとのトラブルが生じ、いろいろなところで泣き声が聞かれる時がある。その時に保育者が一人一人の想いを受け止め、それぞれの想いを言葉に変えながら、お互いに納得できるような応答的なかかわりを心がけていく。また、子どもたちの姿に応じ、日々の保育内容に柔軟性を持たせたり、ごっこ遊びの中でのファンタジーの世界を演出したりしながら子どもたちが自主的に行動を起こせるようにする。

日々の実践が、今の私の保育観につながり、今感じている中での取り組みが未来につながっていくのだろうと日々研鑽していくことの大切さを痛感している。また、さまざまな方々の想いからの学びが今に生き、自分を創っていく上での大切な点となり、それが、ひいては、自分の歩みとして線としてつながっていくのであると感じている。

事例2　段ボール電車

給食後、満3歳児クラスではとても楽しい遊びが盛り上がった。

それは、数名の男の子が大きめの段ボールにクレヨンで絵を描くところからスタートした。「電車をつくる」と話しながら絵を描いている男の子たちの様子が魅力的だったのか、段ボールのところに女の子が集まってくる。一度に5人くらい集まってきたから大変である。予想通り、場所の取り合いが始まった。自分の場所を確保しようと必死の女の子たちの姿が見られた。すると、一人の男の子が「僕たちが初めからやっていたんだからね。場所がなくなっちゃうでしょ。」と意見した。それでも譲らない女の子たちの中から泣いてしまう子がでてきた。「絵を描いているのに中に入っちゃう（中に入って内側の面に絵を描こうとする）からいけないんだよ」と教えてあげるようなトーンで男の子は続けて話をした。しかし、一人の女の子は、なかなか気持ちの切り替えができずにいた。一方で、遊びはどんどん広がっていく。完成した電車にみんなが乗りたいと言い始めた。「順番ね。一人が乗って、みんなで動かすのがいいと思うなぁ」と担任が声をかけるとみんなが納得し、そこからは一致団結。「この電車は○○先生のところまでいきまーす」「動物園に行きまーす」などと行き先を言いながら、一人の子をのせて6人の子で押す姿が見られるようになった。電車に乗る子を交代しながら何回か繰り返した後、先ほど意見した男の子が「○○ちゃんのところに行って乗せてあげようよ」と泣いている女の子の方を向いて、言い始めた。「そうしよう」とみんなで、女の子のところに電車で行く。その時は女の子は段ボール電車には乗らなかったのだが、筆者は子どもたちの優しい姿にとても温かい気持ちになった。その後、子どもたちは担任に電車に乗るように促し、担任をのせてみんなで力を合わせて段ボール電車を動かしていく。満3歳児の子どもたちが1つの遊びをここまで広げていくことができたこと、一体感を持って遊びを発展していくことができたことにおいて、ただただ担任と共に「すごい」と感動した出来事となった。

幼稚園における集団とは、一人一人の個性を持った子どもたちの集まりである。日々の生活の中で子どもたちは、社会のルールであったり、人との関係性であったり……さまざまなことを遊びを通して学んでいるのである。集団生活の中では自分の思い通りには物事が運んでいかないこと、周囲に自分とは異なるさまざまな友だちがいて、折り合いをつけながら遊ぶということを子どもたちが直接体験しながら学んでいく。その視点がコミュニケーション力の育ちである。仲間との生活は人と自分は違うものだということを知る機会であり、みんな一緒という枠でしばるものではない。集団の力を借りることで個の育ちが保障されるような集団を創ることが重要なのである。

子どもたちが、おもちゃを順番に回して遊ぶ姿が見られていた。5人がやりたいと思って集まってきたのにおもちゃは1つしかない。すると、一人の男の子が優しく、「順番だよ。次は○○ちゃんね。」とみんなに声をかけている。そのおかげで「私がやりたいの」と主張していた子も、だまって順番を待つことができた。男の子の声掛けがなんて素敵なんだろうと筆者は感心して見ていたのである。そして、待つことができた子どもたちにも成長を感じた。自分の想いを主張するだけではいけないということを集団生活の中できちんと学んでいるのである。個人の育ちに目を向けていくことが多くなりがちであるが、個の育ちと、集団の育ち、どちらも意識しながら、成長を伸ばしていくことが重要である。その中では、ステレオのようにただ決まった言葉でほめるではなく、個々人の成長のプロセスや、頑張りをほめて認めていくことで、自己肯定感が育ってくる。つい先日、同僚と「頑張ってもこの年になるとなかなかほめてもらえないよね」と笑い話をしていたのだが、やはり、「大人になっても認めてもらえると嬉しい」のである。現在の社会を見ていると、自分ファーストの考え方が多く見受けられるように思うが、周囲の人たちと心地よく協働できる生活が送れることが望ましいと、私は思っている。子どもたちは人間関係や、社会性をスピーディーに受け入れていく。その点においては、私たち大人は、子どもたちを敬い、子どもたちから学んでいかなくてはならないように思う。

◀2▶ 保育者間での対話を通したコミュニケーションとは

第1節での集団生活におけるコミュニケーション力の育ちは、保育者間でのより良い関係性によって変化する。幼児教育においては、クラスを複数で担任することがあり、経験により培ってきた各々の先生たちの保育観が存在する。ナラティブとは、物語という意味をもつが、それは語りを生み出す「解釈の枠組み」のことである。先生たちにはそれぞれのナラティブがあり、それは、自分のナラティブとは異なるということを理解しておかなくてはならない。いろいろな考え方に触れ、自分の枠組みを解いて視野を広げていくことが大切なのである。

援助関係を創り上げていくという点で根底にあるのは人と人との関係性である。人的プロセスを徹底的に理解すること、および、そのようなプロセスを改善する能力を身につけることが、どのような場合でも組織を改善する基本となるが、人のために自分が何をできるのか考えていく姿勢は大切である。しかし、「文化的規範」という言葉で表現されるように、幼稚園には、今まで培ってきた、引き継がれてきた根底にある基盤があるのであり、それを感じながら、自分の立場でできることを模索していかなければならない。

また、「当初に関係を築く」という点においては、最初の関係づくりのアプローチの手段を間違えれば、協働という目的が達成することは難しくなるのである。

自分が相手の立場に立ち、どの様なかかわりを構築するかということが大切である。

日々の保育の中で、いろいろな気付きを自分が捉え、省察する姿勢をもつということは人と人との関係性の間の取り組みで行われている行為であるということである。大切なのは、「人」である。幼稚園の中で仕事の内容について考えていく必要があることを感じる時がある。同僚性や日々の仕事量の多さという問題を考えたとしても、だれかがこの問題について考えていくだろうと自ら行動を起こさないという現状も実際は見られるかもしれない。いくら知識を学んだとしても、先生たちが協力しながら、見えていない問題や見ることを避けている問題に向き合っていかない限り何も変わらない。どうやったら私たちはよりよい自分たちの幼稚園を作ることができるのかということについて先生たちで向き合っていく必要があるのである。そして、それは、同じ幼稚園で働く「他者」と一緒に、物事を成し遂げなければならず、互いにわかり合えていないということを受け入れた上で、話し合いを行うことが大切なのである。そして、そこに対話が必要となる。現実に立脚して、幼稚園をより良い環境に変えていくためには他者とともに知恵を出し合うことが不可欠なのである。

その際、保育者間において意見を出し合う場合「○○はよくない」ではなく、「~できるためには自分はどうするのか」また、「○○するために自分は△△先生を支える」という観点に立ったとき、「こうしたらできるのではないか」「こうしたら子どもたちの中に生かされるのではないか」というアイデアをみんなの前で語っていくこともとても大切な積極性であると言える。

宇田川元一（2019）は組織の中で、「語れる範囲を広げていかなければ、適応課題に挑むことはできないということ」を言及している。また、ナラティブについても触れられており、「その中でのポイントはどちらのナラティブが正しいということではなく、それぞれの立場におけるナラティブがあるということ。ナラティブとは、視点の違いにとどまらず、その人たちが置かれている環境における「一般常識」のようなものである。」と述べている。

その観点に立って考えた時、他の先生方にもそれぞれの人生観からくる保育観や、子どもたちに対する想い、保育実践のやり方がある。自分の保育観から相手を見ていると、相手が間違っているように感じる時もある。しかし、相手から見れば、こちらが間違って見えるということもありうる。大切なのは「お互いに溝に橋を架けていくこと」、それが対話していくことなのである。その擦り合わせは簡単なことではないが、それを自分で踏み出していくことが、個人の積極性につながると思っている。

対話という方法で「互いに尊重し、結果を求め、一緒に考える（関係の質）」ことで、「気づきがあり、共有され、当事者意識をもつ（思考の質）」ことが可能になり、結果、「自発的・積極的にチャレンジ・行動する（行動の質）ことが増え、「成果が出てくる（結果の質）」）、そして、さらに「信頼関係が高まる（関係の質）」ことで、もっと良いアイデアが生まれる（思考の質）」といったグッドサイクルが生じると谷亮治は著書の中で言及している。

ある時、他園の先生と話す機会があった。同僚の保育を見た時の評価として、その後のセッションの中で「先生の力量や、手立てが悪いということを話し合うのではなく「コンピテンシー」の可能性を探ろうという見方の中で、保育を行った先生の良い所を見つけて伝えていくように心掛けている」という他園の保育者の言葉が心に響いた。

自分たちの目指している方向性をしっかりと見据えて、たくさんの先生方の想いを聴きながら、より良いものを創り出していくことに、先生方の対話をしていくことの意味を見出だしていくことが大切であると感じている。そして、そこには世代を超えて対話へ向き合っていくという意識への共通理解が必要であると思う。

教育は人に触れることで初めて力に結びつく。同僚性がうまく機能することが、子どもたちの育ちにも大きく影響するように思うのと同時に、さまざまな場面においての人との関係性へのアプローチが、とても大切な取り組みであると思う。いろいろな人へのアプローチをどのように行えばよいのかという視点で、保育者間におけるコミュニケーションの方向性を考えていけたらよいと思う。

まとめ

第1節・第2節では、コミュニケーション力を伸ばすためにはどのようなかかわりをすればよいのかということについて、保育の事例をあげながらふれてきた。共にかかわる保育者の人間性や保育者間での関係性が子どもたちに多大な影響を及ぼすことを感じている。保育者間での日々の対話の中から子どもたちとのより良いかかわりや保育の手立てを見出だしていく方法を模索する姿勢が大切である。乳児期における愛着の形成により、「信じられるだれかがいる」という気持ちが子どもたちの中に芽生え、自分の信じる他者に認めてもらう経験を繰り返すことにより「自分はこんなこともできるんだ、応援してくれるだれかがいるのだから自分は大丈夫」という自信や自己肯定感が生まれてくるのである。それが、周囲とのかかわりを楽しんだり、友だちに思いやりの気持ちをもったりと他者とのコミュニケーション力の育成につながっていく。まずは特定の大人との間に見える1対1のかかわりがたゆまない愛情の中で行われるということを周囲の大人が理解することで、健やかな育ちの中にコミュニケーションにおいても個々の育ちが見えてくるのではないかと思う。

◀3▶ 自閉症スペクトラム症Aちゃんとのかかわりについて

(1) Aちゃんの日頃の状況

Aちゃんは多動他害行動により、他児に自分を受け入れてもらうことが難しい環境で生活をしていた。たとえば事業所においては、スタッフが事務ワークをしている横におり、他の友だちと離れて活動していることが多かった。そのため、他者との交流をすることが難しくなっていた。

また、四日市市内の支援学校の帰り、送迎車に乗せていた時のことである。座席の指定がなかった為、子どもたちはそれぞれ自由な席に座っていた。その際、Aちゃんの横に他の友だちが座る場面があった。その様子を見た横に座った子の担任から「この子（Aちゃん）は、他児に対しての感情が高揚した時に、手が出るなどの行動がありますので気を付けてください。」と言われたことがあった。

筆者は、Aちゃんの今後を思案し、Aちゃんに直接声をかけた。「日頃の行動について、先生からこのようなことを伝えられたよ。今後は、少しずつでも自分の行動を見直していこうね。」と話し、Aちゃんの座席を移動した。別の子どもの隣座席に移動することで、担任の先生の表情が少し和らいだように感じた。筆者はAちゃんが支援学校の中で受け入れてもらえず、困り感を感じているように思い「子どもの最善の利益を守る」とはどういうことなのかを考えさせられたように思った。また、Aちゃんを取り巻く家族や行政機関においてもその課題行動や問題行動のより良い対応とはどのようなものであるのかということを日々考えていかなければならないように感じた。Aちゃんの1つの特徴的な行動（他者に手が出るなどの他害行動）にAちゃんを取り巻く大人が頭を悩ませて生活を送っていた。そのような環境の中で、筆者とAちゃんとの出会いがあったのである。

（2）視点の変化

筆者とAちゃんとの最初の出会いは、三重県Y市の放課後等デイサービスAAOあがたに通所し始めたことがきっかけである。インテークにおいて、「人とかかわることが好き」「遊びたい」「集中できない」「引っ張る」「叩く」「押し倒す」など数々のAちゃんの現状における特性を保護者から聴いた。その中で、AAOにおいて職員との対応の仕方を模索したが、すぐには結論が出せずにいた。

まず、最初の一週間は、他害行動があれば、その行動を制止をさせることを第一にかかわったが、職員からの制止を振り切り「引っ張る」「押す」「ひっかき」などの行動が多く見られていた。したがって、そのようなAちゃんの行動に対して、職員間で何度か協議を重ねた。

しかし、筆者は、その間のAちゃんの一連の行動には何らかの意図、意味があるように感じていた。そのためAちゃんの行動をじっくりと見ていくことに意識をおいた。同じ行動の繰り返しや、嫌がる場所を把握して狙っているかの様な行動を感じ、Aちゃんの動きの速さに驚きを感じることもあった。まるで自分の意図を達成するために意識を集中させて行動しているかのように感じる場面もあった。職員として、Aちゃんが何を意図して行動しているのか意識しながらかかわることで一緒に遊びを通して理解を深めるようにした。どんなことに関心があるのか考えた時、Aちゃんには「引っ張る」という行為が頻繁にあることに気づくとともに、インテーク時の「人とかかわることが好き」という保護者から聞いた話が筆者の中でつながった。そこで、筆者はAちゃんと筆者との二人で一緒に行うゲームを考案した。それは「引っ張る」という行為を想定しながらの「引っ張り合いっこゲーム」である。そのルールは至ってシンプルで、30秒間で相手と手をつなぎ引っ張り合いながら、どちらが自分の方に相手を寄せることができるのかというゲームである。Ａちゃんに同意が得られているか何回も確認し合いながら、両者ＯＫを確認しゲームを進めた。すると、Ａちゃんは普段とは違い一度も手を出すことはなかったのである。しかも、３秒で負けてしまうという姿が見られた。その時、筆者が強く感じたことは、Ａちゃん自身のペースで行われる「引っ張る」「押す」「ひっかき」などの行為には、何らかの意味があるということである。その意味を職員が理解することによって、Ａちゃんとの精神的な距離感が近くなり、より深く本人理解が促されるように感じた。この日を境に筆者に対して、引っ張りなどの行為が収まりつつ、心理的な距離感で相手の様子を見る姿が見られるようになった。その後、他の職員に対しても徐々に引っ張ったり・押したりなどの行為が収まり始めた。

この頃になるとＡちゃんは、笑顔でいることが多くなった。しかし、職員間では「Ａちゃんにとって楽しいことは何か」という疑問を感じていた。しかし、なかなかその疑問の解決には至らずにいた。

ある時、Ａちゃんが押した子どもが、その後に自分の前を走っていく姿を見ながら、Ａちゃんが声を出して笑ってる場面を見かけた。その行動を見た時に、筆者は、Ａちゃんの一連の行動が意思表示的意図であることを理解した。そこには攻撃的意図というよりも意思表示的な意味合いが深まっていると感じられると同時に、その感情を揺れ動かす本人の心の様相を理解する必要があると考察する。そして、そのような様子を見かけるごとに、それは疑問から確信へと変わっていった。つまり、他害行動はＡちゃん特有の遊びの誘いであり、たとえば、友だちがＡちゃんから逃げるために走り、それをＡちゃんが追いかけることが遊びにつながっていた。しかし、Ａちゃん本人にとっては遊びの感覚で行っていたことが、職員や友だちは不快感を感じていた。そのため職員や、友だちとの遊びが成立しない日々が続いた。筆者は、職員や子どもたちに、他害行動はＡちゃん特有の「遊ぼう」という誘いであることを伝えた。その意味を理解した職員がＡちゃんとのかかわりの中でＡちゃんの気持ちを理解し、他害行動が見られた時に、職員から歩み寄り「遊ぼう」と気持ちを伝えた。そのことによりAちゃんは笑顔になり、何らかの意思が疎通されたように筆者は感じた。Aちゃんに対して、職員のマイナス的な思考が前向きな思考へと変化する様子をAちゃんも感じている様に見えた。周囲の視点が「問題行動・課題行動」から「意思表示」であるポジティブマインドに変わることで、Aちゃんのことを周囲が仲間として意識をするようになった。そのことによりAちゃん自身の行動にも変化が見られ、活動中、落ち着いて集中できるようになった。

Aちゃんと出会って一緒に活動する中で感銘を受けたことは、すべての行動に意図があるということである。子どもたちは意味を理解して模倣している場面より、視覚的視点より形で理解していることが多くあり、意図を理解して模倣していることが少ないと感じられる。語彙力の弱さからバーバールコミュニケーションが成立しなかったりすることで言葉が足りず、押したり、引っ張ったり、叩く、物を投げるなどの言動が課題行動・問題行動として取り上げられるケースが多いと思われる。しかし、すべては周囲の環境やスタッフ（専門職）の視点の在り方で、一人の子どもの人生が豊かになる様に感じている。

◀4▶　Aちゃんは「できないだろう」から「できた」へ

（1）リハビリパンツが取れました

Aちゃんが支援学校から帰って来たとき、Aちゃんのリュックサックの中を見ると使用済みのリハビリパンツが何個も入っていた。また、リュックサックにぶら下がっている光景を目にして驚いた。その時、筆者は「そんなんがリュックサックの中に入っていたら自分のお茶やお弁当を一緒に持って」ってお願いできない。それでAちゃんに「今日からリハビリパンツの中で排泄をするのやめて」と伝え、トイレに座って排泄をするように、お願いした。その日より、作業としてのリハビリパンツ交換でなく、トイレの時間としてまずは時間排泄をイメージして取り組み、必ず便座に座ってもらいリハビリパンツ交換を行った。しかし、常に排泄はリハビリパンツの中で済ませていた。12年間も続けて来たことだからなと思ったが、Aちゃんの周りに友だちが集まり、仲間と共に生活を営むことをイメージすると、半年後の夏休みまでにリハビリパンツから布パンツになると目標を立てた。排泄の方法について何が正しいとかは無い事を承知していたが、Aちゃんには、リハビリパンツの中で排泄を済ませた時には「違います」と伝え、便座に座って排泄をするように促した。しかし、Aちゃんは、なんの事だかは理解していなかった。しかし諦めずに繰り返し、2か月程が過ぎたときに、リハビリパンツにも排泄をしているが、便座に座った時にも排泄をするようになり、排泄のリズムに動きを感じるまでになった。

Aちゃんは、基本ノンバーバルコミュニケーションで生活をしているため、言語を使うことはなかった。ある送迎中にAちゃんが「ト・イ・レ～」と突然、単語を発したので繰り返し「ト・イ・レ～」と言うように促した。単語としては突然の出来事でもちろん、驚いたが、それよりAちゃんに他害行為があるからと言って、他者と一緒にしないのではなく、来所以来ずっと集団の中の個として仲間と共に過ごして来たことで、仲間の声を耳にできたため、ある仲間の「ト・イ・レ～」の音が出てきたように感じた事に、子どもたちは集団の中で学び合い、育ちあっている関係であることを感じ、驚いた。

Aちゃんよりトイレの合図が出るようになったので、合図と場面が一致することで便座に座って排泄ができるようになのではと考察をした。そこからは、どんな場面でもAちゃんがトイレと言ったら必ず便座に座らせて排泄を促した。徐々にリハビリパンツの中で排泄をする回数が減り、便座に座って排泄できるリズムがついた様に感じた。しかし、なかなか便座のみで排泄ができるようにはならなかったが、夏休みが明けた初日、支援学校I先生が排泄の変化に気づき、「Aちゃん学校ではリハビリパンツを穿かなくても布パンツで失敗しません。AAOあがたさんでも大丈夫だと思います。しかし、ご迷惑をかけるといけないのでリハビリパンツにしてあります。」と伝えられた。2日目、支援学校I先生より「どうでしたか?」という質問を受けた時に「昨日は不安があり、リハビリパンツで生活していました。」支援学校Ｉ先生「今日は、布パンツのままです。駄目ならＡＡＯあがたさんで代えてあげて下さい。」と言われ、大丈夫だと信じることにした。その日から一度も布パンツで失敗することはなかったのだが、Ａちゃんを信頼できず不安だからリハビリパンツを穿かせる事があると量が多すぎて大変な事になっていた。本人の中では、しっかりリハビリパンツとトイレの区別がつくようになった。現在もトイレは基本自立している様子である。

（2）学習へのかかわりのなかで

基本的に多動的行動が目立つため、なかなか学習に打ち込める様子が見られずにいた。しかしその子と一緒にスタッフ一人で、子ども5人～6人と毎日宿題の時間があった。その為日々、ゆっくり子どもたちの学習に、かかわることができないことを悩んでいた。普段から座卓を囲んで宿題をしていた為、座布団を使って正座して宿題をしていた。そこで他動的行動が目立つＡちゃんが座布団の上に何秒間なら居られるかを試してみたり、他の子どもたちは手だけで、片足でなど、お題を出したりしながら、みんなで座布団の上で何秒間なら居られるかゲームをしていった。そこから子どもたちは1枚の座布団の上にみんなで乗れるかなど、遊びを工夫し広げ、ふれあいの時間になった。Ａちゃんも始めは5秒も持たなかったが、ふれあいの時間を日々、繰り返す事で座布団の上で正座して居られる時間が30秒を超える様になり、鉛筆を持ってなぶり書きをやってみようということにつながっていった。また、鉛筆を持たせてみると指先に力を入れる動作を普段していない為、力の入れ方が分からないことに気づいた。そのため筆圧も弱く文字が薄く見づらいのでボールペンを持たせたが、指先に力が入らないと弱々しい波線文字になった。その時、手が浮いていることに気づき、手を持って手の甲に少し力を加えて上げることで必然と指先に力が加わる様になり、力を加える感覚を感じていける様になった。その後は、親指と人差し指を使う動作としてハサミで広告紙を好きなように切り、著者が蛍光ペンで線を書いている内は座布団で静を感じる時間とし、下書きができるとＡちゃんはボールペンを持ち、なぞりの練習ができる様になった。

（3）まとめ

子どもたちの行動に対して課題行動・問題行動として気持ちを向けると、何事もネガティブアプローチが優先される。すべての子どもたちの行動に意図があり、すべての個々に意志がある。自分の力で社会の中で、生きていくために自己肯定が必要とされているが、その為に専門職者の子どもたちへのポジティブアプローチが必要とされる。

参考文献

今井和子、島本一男編著（2020）『集団っていいな――一人ひとりのみんなが育ち合う社会を創る――』ミネルヴァ書房。

宇田川元一（2019）『他者と働く――「わかりあえなさ」から始める組織論――』News Picks パブリッシング。

エドガー・H・シャイン（2012）『プロセスコンサルテーション』白桃書房。

谷亮治（2019）『純粋でポップな限界のまちづくり：モテるまちづくり2』まち飯叢書。

文部科学省（2017）「幼稚園教育要領」チャイルド本社。

第12章 発達が気になる子どもへのコミュニケーション

◀1▶ 発達障害の定義・用語をめぐる問題

(1) 発達障害とは――理解されにくい障害――

目が見えにくい子どもや耳が聞こえにくい子ども、歩行が困難な子ども、3歳児健診の頃に言葉をほとんど話せない子どもであれば、その子どもに障害があることは保育者、保護者は理解しやすい。その子どもたちに対する支援の必要性も理解しやすく、支援方法に関しても検討が比較的しやすい。

しかしそうした目に見える障害がなく、見ただけでは分かりにくい障害がある。障害が目立ちにくいため、周囲は困った行動が目についてしまうこともあり、支援を受けることなくどうすればいいかも分からず困っている子どもや保護者が大勢いる。その1つが発達障害である。ただ近年では、新聞やTVなどでも数多く取り上げられ、書籍もたくさん出版されており、発達障害に対する理解は格段に広がったと思われる。

日本では2004年に「発達障害者支援法」が制定され、約12年後の2016年に「発達障害者支援法」が改正された。改正された「発達障害者支援法」の目的・理念は、「① 個人としての尊厳に相応しい日常生活・社会生活を営むことができるように発達障害の早期発見と発達支援を行い、支援が切れ目なく行われることに関する国及び地方公共団体の責務を明らかにする。② 発達障害者の自立及び社会参加のための生活全般にわたる支援を図り、障害の有無によって分け隔てられること無く、相互に人格と個性を尊重しながら共生する社会の実現に資する。」と述べられている。この「発達障害者支援法」施行が発達障害の認知度が広がったきっかけの1つとなった

「発達障害者支援法」第2条では、発達障害は、脳の認知機能の障害であることを明記している。それまで根強い誤解のあった、発達障害は、「保護者の子育てや愛情不足によるものではないこと」をはっきりと示している。今でもこの種の誤解は少なからずあるが、発達障害の原因は子育てや愛情不足ではないことを理解してほしい。

（2）発達障害の定義・用語をめぐる問題——早期発見を困難にしている要因の1つ——

「発達障害者支援法」では、発達障害のある子どもの支援の1つとして、発達障害の症状が発現または特性が顕在化した後、できる限り早期に発達支援を行うことが述べられている。そして日本では「発達障害者支援法」に基づいて、発達障害者支援センターが全国に設立されるなど、発達障害のある子どもへの支援が行われ始めた。

ところで、発達障害のある子どもへの支援をめぐる問題の1つが、この早期発見に関わることである。発達障害の早期発見・早期支援の重要性は、医学・心理学・教育学・保育学・児童福祉学など多くの障害のある子どもに関わる専門家から指摘されている。早期発見により発達の「つまづき」を予防することが可能になり、うつ病などの精神障害や将来の社会生活への不適応などの二次障害を予防することも期待される。

しかし、発達障害の早期発見は知的障害などの早期発見とは異なった難しさがある。「発達障害者支援法」における定義の課題では、発達障害の定義が1つでなく、いくつかの定義が平行して使用されていることがあげられる。

「発達障害者支援法」では、「発達障害（自閉症、アスペルガー症候群その他の広汎性発達障害、学習障害、注意欠陥多動性障害などの脳機能障害で、通常低年齢で発現する障害）がある者」を使用している。つまり「発達障害者支援法」では、発達障害を①自閉症、アスペルガー症候群、その他の広汎性発達障害、②学習障害、③注意欠陥多動性障害が含まれるとしている。この定義は、世界保健機構（WHO：以下、WHO）が定めた国際疾病分類第10版（ICD-10：以下、ICD-10）に基づいている。

日本はＷＨＯ加盟国であり、公式には文部科学省、厚生労働省、総務省もこのICD-10を使用している。

しかし同時に米国国精神医学会（ＡＰＡ）によるDSM-5による定義も広く用いられており、DSM-5では「自閉症スペクトラム」[1]の用語を使用している。これらの複数の用語が混在していることが、発達障害のことが理解しにくい1つの理由となっている。[2]またICD-10の改訂版であるICD-11が２０１９年のＷＨＯ総会で承認された。日本でも日本語版の翻訳が開始されており、今後は定義が大きく変更される見込みである。[3]

保護者がしばしば語る「私の子どもの障害名はいったい何のか。アスペルガー症候群ともいわれたし、自閉症スペクトラム、自閉スペクトラム症、自閉症スペクトラム障害ともいわれた。ちゃんと病名を診断してほしい」[4]の声は、保護者を混乱させるばかりか、医療や支援機関に対する不信感、療育への意欲低下につながる。発達障害の早期発見に関わる専門職者は、発達障害のある子ども本人や保護者にいくつかの定義があることを理解できるように丁寧に説明をすることが求められる。

◀2▶　早期発見によるコミュニケーションのメリット

発達障害のある子どもと保護者に対するライフサイクルに応じた適切な支援の実施するには、乳幼児期における発達障害の早期発見が重要である。発達障害の早期発見の重要性については、多くの研究者、医師が指摘している。国立精神・神経センターの中田洋二郎は、発達に障害のある子どもをもつ保護者がどのように障害の状態を認識し受容していくかについて研究している中で、障害の早期発見がドローターの「障害受容の5段階説」、オーシャンスカイの「障害受容の慢性的悲哀説」どちらの説を採用するとしても、障害の受容がしやすくなると指摘している。[5][6][7]

発達障害を早期発見することにより、発達の「つまづき」を防ぐことができるともいわれている。その子どもの発達の予測ができていれば、「〇歳になったら、日常生活の中で〇〇の練習をする」ことが分かっているので、保護者と療育機関が協力して「つまづき」を軽減することもしやすくなる。また発達障害のある子どもに対して、その子どものニーズに応じた子育てを早期から開始することもできる。そうすることによって、発達障害のある子どもと周囲の子どもとの関係が合わず、人間関係でミスマッチを起こすことが防ぎやすくなる。

しかし見ただけでは分かりにくい障害の1つが発達障害である。障害が目立ちにくいため、障害が早期に発見されず、必要な支援を受けられない子どもや保護者がいる。前述したような人間関係でミスマッチを起こしてしまい、不登校、精神障害などの二次障害が発現することにもなりかねない。こうした二次障害を未然に防止するうえで、発達障害を早期に発見し、早期に適切な支援につなげていくことが重要であるとされている。そのためにも国・地方公共団体は、発達障害の早期発見のために必要な措置を講ずることが「発達障害者支援法」に規定されている。

ただその一方で、早期発見に疑問を投げかける専門家もいる。発達障害は幼児期後半になって顕在化する場合も多く、「1歳半健診」や「3歳児健診」での発見は難しいとの指摘もあり、早い時期から不用意に発達障害の疑いをかけるのは避けるべきであり、むしろ問題が顕在化してくる時期に発見・対応する「適正発見」が望ましいとの指摘もある。

障害のある子どもの療育に長くかかわってきた、社会福祉法人青い鳥小児療育相談センターの医師である原仁は、「診断にはその時がある、と思う。発達障害の研究と臨床に30年余り関わってきた臨床医の実感である。学童期、青年期、そして成人期での発達障害の診断もその時が来たのであって、早いのか遅いのかの議論はナンセンスである。」と早期発見に警鐘を鳴らしている。[8]

発達障害の早期発見にはこのように疑問を投げかける声もあるが、全体的傾向としては早期支援につなげていくためにも早期発見は大切との考え方が主流となっている。早期発見に関わる私たち専門職が早期発見のみに注視するのではなく、それぞれの子どものニーズに応じた早期支援につなげていくことが肝要である。

発達障害児へのコミュニケーション支援――自閉症スペクトラムを中心として――

発達障害といっても様々なタイプがあるため、すべての発達障害を取りあげるのは困難である。そのため、本章では自閉症スペクトラムを対象にコミュニケーションを中心とした支援方法を述べていきたい。

自閉症スペクトラムの子どもは独特の発達スタイルをもっている。日常生活の中で子どもがストレスを感じずに済むように、その子の特性に合わせて生活環境を見直したり、工夫したりすることが支援の基本となる。支援の方法は多くあるものの、子どもにとって負担になり過ぎないように気を付けることが必要である。

(1) 見通しを持ちやすくする

自閉症スペクトラムの子どもは、先の見通しをもつことが苦手なため、不安の中で生活をしている。その不安を和らげるため、先の予定を事前に伝えるように心がけることが大切である。また一度伝えた予定が変更になるとパニックになりやすいため、天候に左右される運動会、遠足などの行事は、雨天中止の場合の計画も併せて伝えておくことが大切である。

(2) 視覚的に見て分かりやすい環境にする

自閉症スペクトラムの子どもは、耳で聞いた聴覚的な理解は苦手であるが、目で見た視覚的な理解は優れているという傾向がある。自閉スペクトラム症の子どもは話し言葉で説明されるよりも、イラストや文字などを見たほうが理解しやすく納得しやすいという特徴がある。そのため、自閉症スペクトラムの子どもが登園してから下園するまでの一連の行動と時間をイラストや文字で示して壁に貼っておくと、目で確認しながら準備できるので本人にとって安心につながる。

（3）具体的な指示を出す

私たちは自閉症スペクトラムの子どもに対して、抽象的ではなく、具体的な指示を出すことが必要である。例えば「もう少し待って」「それを取って」「ちゃんとしようね」などでは、抽象的で場面に応じて内容が変化するため、自閉症スペクトラムの子どもは混乱してしまいがちである。そこで「3分待って」「牛乳瓶を取って」「T君の後ろに並んで待っていてね」など具体的な指示を出すと伝わりやすい。

（4）感覚過敏を理解する

自閉スペクトラムの子どもの中には視覚、聴覚、触覚、嗅覚、味覚、痛覚などの感覚がとても敏感な子どもがいる。たとえば、近くを通る救急車のサイレン音でパニックを起こしてしまったり、学校の制服を嫌がって着られなかったこともある。障害のない子どもたちにとっては気にならない程度の刺激でも、本人にとってはとても強い刺激として感じられている場合もある。またコロナ禍ではマスク着用が社会全体で求める傾向があるが、自閉症スペクトラムの子どもはマスクをつけることが困難な子どもおり、周囲から厳しい視線や言葉を受けることもある。周囲から「わがままな子」と誤解されてしまうこともあり、本人や保護者にとっては悩みになっている。[9]

4　発達障害のある子どもをもつ家族の家庭での子どもとの関わり実践例

以下に述べるのは、知的障害を伴った発達障害のある子どもをもつ家族の家庭における子どもとの関わりの実践例である。[10][11][12]

（1）対象家族の概況

Aさんの家族は父親（54歳）と母親（41歳）、そして14歳の長男の3人家族である。長男には知的障害を伴った発達障害があり、地元の国立大学付属の特別支援学校中学部に在籍している。そのため子育て、教育を含めた日常生活全般に特別な配慮をする必要があり、母親の精神的、身体的負担は大きい。

しかしそうした苦労はあったものの、夫婦で力を合わせて家庭教育に関して構造化を図ることを考慮し、構造化に基づいた家庭教育ルールを決めて家庭教育に取り組んだことが、良い成果となった。また母親の実家で同居したことで、母親の両親からの子育てや家庭教育の支援を受けられたことも母親の精神的、身体的負担を軽減することにつながり、大変感謝をしている。Aさんも母親の両親になじんでいることが好循環となっている。

さらにAさんに障害があったからこそ、仕事中心の生活を長くしてきた父親も子育てや家庭教育に僅かながらも参加することができた。障害のある子どもがきっかけで夫婦や家族が不仲になったという話を聞き残念に感じることもあるが、幸いAさんの家族では逆に家族の絆を深めることになり、まさに孝行息子である。父親の職業が「障害児・者」に関わる仕事であったことも、母親からの信頼獲得につながっていることも家族にとって幸いであった。

本事例ではAさんの家族で実践してきた家庭教育により家族間の絆を深めることができ、さらにはAさんの自閉症スペクトラムとしての行動特性も大きく軽減することにつながった。

（2）家族で気を付けている会話のルール

①否定的な言葉を使わない

Aさんの家族では、「否定的な言葉をなるべく使わないようにする」というルールがある。父親や母親の会話の途中にどうしても「でも」「だけど」「そう言いたのはわかるし、その行動はやめた方がいいのでは」などと否定的な言葉を言いたくなる時も確かにある。しかし、会話で相手の会話を否定することは、話をしている本人にしてみれば決していい気持ちになることはない。

そうであれば意識して否定的な言葉は使わないようにして、互いに気持ちよく生活をすることをAさんの家族では心がけている。おかげで喧嘩や仲違いはかなり減ったと感じている。

しかし、いくら意識していても、つい出てしまうのが「でも」「だけど」である。そうした時に大切なのは、「ごめん、つい言ってしまった。」との言葉である。そして話を再度続けるようにしている。大切なのは否定的な言葉を使わないことだけでなく、どちらかがつい言ってしまったときの対応である。なんとなく白けた気分が漂うことも多いが、とりあえず話を再開する。もちろんそうした時は、あいづち、繰り返しなどの面接技法をいつも以上に意識して使用しながら聴くようにしている。そのうちに気持ちよく話せるようになることも多いからである。

Aさんに障害があるからこそ、こうした否定的なことを日常会話で使用しないことは大切な意味がある。どうしてもAさんの将来のことについて話をするとつい出てきやすい否定的な言葉、そうした言葉が自然と減少する。Aさんの将来に後ろ向きな気持ちでなく、前向きな気持ちになりやすいことは、大切なことである。

②　未来志向で生活をする

Aさんの家族でのルールに「未来志向でなるべく話すようにする」がある。一般的には困ったことやうまくいかなかったことがあったときに、「何がいけなかったのか」「あの時にどうすればよかったのか」など過去に原因を求めてしまう傾向がある。確かにうまくいかなかったことの原因を明確化することで反省をし、今後の自分自身の行動に生かすことはできるが、過去自体を変えることはなかなか難しい。結果として後悔や他人をうらやむことにつながりやすくなりがちである。

であれば、過去ではなくこれからの将来に目を向けた方が有意義な家庭生活を過ごすことがしやすくなる。Aさんの家族では困ったことがあったときには、「じゃあどうしようか」「何かいいアイデアはないかなあ」と考えることをしている。良い考えが出るとは限らないが、未来志向で考えているとなかなかに気持ちのいいものである。夢物語をついつい長く語ってしまい、2人でふと気が付いて苦笑することもある。自然とミラクルクエスチョン[13]をしているともいえる。

そもそも原因を追究し始めると、どうしてもAさんの家族では「Aさんの障害は、何が原因なのかなあ」とか「あの時に病院を変えていればよかったのかもしれない」など不毛な会話に終始してしまう可能性がある。Aさんの家族では過去を振りかえってAさんを眺めるよりも、将来のことを語っている方がAさんに気持ちよく接することができるのである。

③ストレスを減少するために——自分の価値観で評価をしないように気を付ける——

とはいうもののやはり妻の精神的、身体的負担がなくなるわけではない。やはり根本的にストレスの減少を図る意識的な取り組みも必要である。そこでAさんの家族では「自分の価値観で評価をしない」ように気をつけている。

一例をあげてみる。父親は児童虐待の新聞記事を読むと仕事柄、つい頭に血が上ってしまう傾向がある。言いたいことが湯水のようにわいてくる。つまり児童虐待をした保護者に対して怒りの気持ちがむらむらと湧き上がってくる。ここで何とか踏みとどまるのが父親に課せられたルールである。

「ひょっとしたら何か事情があるのかもしれない」このワンフレーズを意識するようにしている。「夫婦間でのDVがあったかもしれない」、「仕事上のトラブルでイライラしていたのかもしれない」、「子どもに発達障害がありでどう子育てをしたらいいのかわからない」、「高齢の両親の介護疲れがあったのかもしれない」などなど考えてみるといくつもの「ひょっとしたら……」が出てくるものである。父親の価値観では児童虐待に対しては少々厳しく対応してしまう癖がある、間違っているとは思わないが児童虐待をした保護者に少々厳しいところは反省の必要があるかもしれない。

母親の価値観も児童虐待に対しては父親と同じく厳しい考え方である。しかし保護者を責める前に、まず事情があるかどうかを考えているようである。母親自身、やはりAさんに大声で起こりたい時も何度もあったとのことである。そうした複雑な母親の気持ちを無視して、父親が児童虐待をした保護者を頭ごなしに怒っていたら、母親も複雑な思いになる可能性もある。

やはり「ひょっとしたら何か事情があるのかもしれない」は大切な考え方である。仕事では簡単にできるこの考えを家庭ですることは存外に難しかった。しかし「ひょっとしたら……」を意識するだけでも、Aさんの行動の理由を数多く発見することができた。その結果、息子の行動に対しても父親も母親も怒ることはほとんどなくなった。同時に時間はかかったが、自閉症スペクトラム特有の行動もある程度は気にならないレベルまで改善することとなった。

◀5▶　インクルーシブ保育・教育とユニバーサルデザイン

(1)　インクルーシブ保育・教育

家庭での発達障害のある子どもへの支援を工夫している事例を第4節では述べたが、社会全体で発達障害のある子どもを支援していくことも大切である。その支援方法で大切な考え方が、インクルーシブ保育・教育とユニバーサルデザインの考え方である

インクルーシブ保育・教育とは、1980年代以降、アメリカにおける障害児教育の分野で注目された理念である。ノーマライゼーションの理念を基にインテグレーション（統合）の発展型として提唱された。インクルーシブ・保育・教育とは「包み込む」「包括する」等の意味であり、障害の有無や能力に関わらず、すべての子どもが地域社会における保育、教育の場において「包み込まれ」、個々に必要な環境が整えられ、個々に必要な支援が保障された上で、保育、教育を受けることである。

(2)　ユニバーサルデザイン

インクルーシブ保育・教育の理念の普及と共に保育のユニバーサルデザイン化の考え方も広まってきている。ユニバー

サルデザインとは、障害の有無や年齢、性別の違いなどにかかわらず、すべての人の快適さや便利さを考えて環境やものをデザインする考え方である。

高知県教育委員会では、すべての子どもが「分かる」「できる」保育・教育を目指して、保育所、幼稚園におけるユニバーサルデザインに基づく保育・教育を進めるために、次のような取り組みを行っている。[14]

保育者は幼児と生活を共にしながら、それぞれの生活する姿から、今、何に興味を持っているか、何を実現しようとしているか、必要な体験は何かをとらえ、それに応じた援助を行うことが大切である。これらの幼児理解に基づいた保育・教育は、まさにユニバーサルデザインの視点である。発達障害のある子どもたちにとって分かりやすいように、いつ、どこで、何を、どのようなやり方でするのかを、子どもの理解に合わせて環境の構成をすることが大切である。日常生活の中で視覚支援や環境の構成などの様々な配慮を行うことで、子どもの理解を助け、子どもたちが集中して活動に取り組むことができるようになる。すべての子どもたちが活動しやすい環境や支援を取り入れた保育・教育を進めるうえで、ユニバーサルデザインの視点を取り入れることで、発達障害等のある子どもだけでなく、すべての子どもにとって、より充実した支援につながる。

各地でユニバーサルデザインの考え方を取り入れた保育・教育の取り組みが広がっており、今後さらなる発展・広がりが期待されるところである。

付　記

本章は、安田誠人（２０２０）「重度の知的障害のある子どもに対する特別支援教育――保育課程・教育課程を活かした教育実践――」吉弘淳一編著『家族会議のススメ――ポジティブシンキングからの子育て家庭教育ＱandＡ――』晃洋書房、安田誠人（２０２０）「知的障害のある生徒の社会参加に向けた就労支援――知的障害特別支援学校におけるキャリア教育と保護者支援を中心として――」日本看護福祉学会26巻1号、39-42、安田誠人（２０１９）「乳幼児に対する特別支援教育・保育に関する現状と課題――教育課程との関わりを中心に――」杉本敏夫監修『障害児の保育・福祉と特別支援教育』ミネルヴァ書房105-108を加筆、修正したものである。

注

（１）米国精神医学会編・日本精神神経学会監修（２０１４）『DSM-5　精神疾患の診断・統計マニュアル』医学書院。

（２）実際には自閉症、アスペルガー症候群、その他の広汎性発達障害と自閉症スペクトラム症とは完全に対応するわけでない。また保育現場では「自閉症」、「アスペルガー症候群」、「高機能自閉」などの用語も多く使用されているが、徐々に「自閉症スペクトラム症」の用語の使用が増加傾向にある。

（３）阿部祥英『発達障害白書　２０２０年版』明石書店、２０１９年、48-49、によるとICD-11は現在厚生労働省から関連医学会などに日本語版翻訳が依頼されており、翻訳中とのことである。そのため日本では現在はICD-10が使用されている。

（４）発達障害は病気ではなく、障害名である。本章では保護者の語った言葉を保護者の気持ちを正確に伝える目的で、あえて「病気」の用語を使用している。

（５）Drotar.D., Baskiewicz.A., Irvin.N., Kennell.J., & Klaus, M.（1975）"The adaptation of par-ents to the birth of an' infant with a con-genital malformation :A hypothetical model". *Pe-diatrics*, 56(5), 710-717。

（６）Olshansky.S.（１９６２）Chronic sorrow: A response to having a mentally defective child. *Social Casework*. 43, 190-193。

（７）中田洋二郎（１９９５）「親の障害の認識と受容に関する考察-受容の段階説と慢性的悲哀」早稲田心理学年報　27、83-92。

（８）原仁（２０１９）「発達障害の早期診断とその功罪」『発達障害白書　２０２０年版』明石書店、44。

（９）安田誠人（２０２０）「発達障害児の理解と援助」小川 圭子・矢野 正 編著『実践にいかす 特別支援教育・障害児保育の理論と支援』、嵯峨野書院。

（10）本事例の書籍への執筆、学術論文等への投稿、掲載に関しては、事例対象者である保護者（父親及び母親）からの承諾を口頭並びに文書にて承諾を得ている。

（11）安田誠人（２０２０）「重度の知的障害のある子どもに対する特別支援教育-保育課程・教育課程を活かした教育実践」吉弘淳一編著『家族会議のススメ――ポジティブシンキングからの子育て家庭教育 Ｑ ａｎｄ Ａ――』晃洋書房。

（12）安田誠人（２０２０）「知的障害のある生徒の社会参加に向けた就労支援――知的障害特別支援学校におけるキャリア教育と保護者支援を中心として――」日本看護福祉学会26巻1号、39-42。

（13）ミラクルクエスチョンとは、非現実的な質問を投げかけ、メンタルヘルスを改善していく手法である。具体的には、①未来志向になる、②解決の糸口が見つかる、③積極性が増す、④現実的な未来が明確になる、などの効果が期待できるとされている。

（14）高知県教育委員会ホームページ（２０１１）『発達障害等のある幼児児童生徒の指導及び支援の充実に関する指針――特別支援教育の理念のいっそうの広がりをめざして――』，５-７。

第13章　ＡＡＯにおける子どもとのより良いコミュニケーションの方法

◀1▶ ＡＡＯの成り立ちと理念について

（1）法人とＡＡＯの由来

ＮＰＯ法人あったかコミュＲみえの由来は、あったかいかかわりを「遊び」を通して三重に発進。そして三重から世界へ発進。みんなの「あったらいいな」をみんなでつくっていく。また、放課後等デイサービスＡＡＯの由来は、Asobi（遊び）・Action（活動）・Opportunity（機会）「自ら掴む機会」を意味し、多種多様な子どもたちが１つのチームとして、みんなでワクワク活動し、育ち合いの場である。

（2）放課後等デイサービスＡＡＯあがた・かわごえの理念

子ども主体・社会活動を柱とし目標へ向かうためには、子どもたちが主体的に行動できる環境をスタッフがつくることが大切。環境とは、子どもの視覚で捉えられない背景・気持ち・抱えている課題などをしっかり捉えて子どもの心にアンテナを向け、子どもたちの行動にスタッフも意識し子どもたちの心を育てる。そのためには、事実を積み重ね「ありのままの自分」と向き合い自己承認を得ること。放課後等デイサービスＡＡＯあがた・かわごえでは、「直す」変える」「教える」といった、いわゆる療育・支援を行っていない。子どもたち自身から「こうありたい」を引き出すための「きっかけづくり」を提供し、「ありのままの子どもたち一人一人とかかわる」ということに重点を置き活動を実施している。子どもたちが主体者となり活動しスタッフは過剰な支援や介助・介護をせず、子どもたちと一緒にどうやったら良いか・できるか、何が必要かを考え話し合いを大切にし、そのプロセスが生きる力になると考えている。生きる力こそ、子どもたちが必要とされる力である。

（3）コミュニケーションの場としての放課後等デイサービスＡＡＯあがた・かわごえ

放課後等デイサービスの活動を通じて、子ども主体の活動を実現するためには、小学1年生から高校3年生までの利用児童の異年齢と得意とすることの幅の関係性を意識したコミュニケーションの場を大切にしている。

放課後等デイサービスのガイドラインを見ていると総則（2）放課後等デイサービスの基本的役割「○　子どもの最善の利益の保障」と書いてある。子どもたちがコミュニケーションを他者と交わすときにも必要不可欠である。コミュニケーションと聴いてイメージして出てくるときに、「ポジティブ・コミュニケーション」「ネガティブ・コミュニケーション」の二通りが考えられる。楽しい・嬉しい・自分にとってプラスになるなどが「ポジティブなコミュニケーション」楽しくない・嬉しくない・だまされるなど不快を感じることが「ネガティブ・コミュニケーション」である。多くの場所ではポジティブ・コミュニケーションのみを伝えて、子ども自身がネガティブマインドにならない様にスタッフの関り（支援）を行っている様子を感じている。ＡＡＯあがた・かわごえでは、「ネガティブ・コミュニケーション」もあることを伝える。それは、思い通りにいかないときほど「考える」必要が生じるからである。考えることにより、それまでと違う「リズム」が生じる。コミュニケーションは、相手（他者）との「リズム」の共有ができたときに心地よさを感じるのである。そのためには、よく療育をテーマの話題になると「直す」「変える」「教える」この3つのキーワードが出る。ここで聴くのが、「訓練したら直せるよ」「○○○○したら直せるよ」「○○○○したら変われる」など教える場面がある。しかしこの様な状況では「考える」場面がない。そこでＡＡＯあがた・かわごえでは、遊びを通じて考える機会（環境）を意図的につくり活動を通じて、「直したい」「変わりたい」「学びたい」と本人の意思や意識を育てている。

 子どもとのかかわりとコミュニケーション（人間交流）

（1）コミュニケーションの意味

子どもとのかかわりとは、「子どもたちの自立をめざす総合的なかかわり」とし、その方法は3に分けられる。①集団を介したかかわり。②個人への直接的かかわり。③社会システムの整備。人々が生きる喜びを感じて、楽しく充実した生活を送るために、集団（小集団）の存在が大きな意味をもっている。集団に属することによって他者との交流をはかり、心を開き合うことができる。人間（子ども）は人と人のかかわりあい（コミュニケーション）を通して初めて、人間（子ども）らしい人間（子ども）になれると感じている。乳幼児は、人と人の間で育てられるうちに、人間（子ども）として形成されていくのが人間（子ども）のあり方である。このことは、日本人でもたまたま米国に生まれて英語文化圏で育てば日本語が話せない。人間は人と人の間で文字どおり「人間」となり、一生涯を通して集団の中で成長をし続けていく。したがって、コミュニケーションは生活の一部でなく、人間（子ども）にとって本質的に重要なものであると考える。人間（子ども）が成長をするためには他の人間（子ども）とのかかわりが欠かせず、お互いに良いものを交換しあう中で自己開発が可能になる。これこそがコミュニケーション（人間交流）の目標だと考える。

集団を介したかかわりとは、「人と人とのかかわりあいを通じて、個人の欲求を充足する」ことである。この人間（子ども）の「人間（子ども）」的なあり方に即して、一人一人の可能性を広げ、「意思」・「意志」を引き出すことを目指します。それは単に、集団の雰囲気をなごやかにするというレベルにとどまるものでなく、個人の自己表現の技術を高めることを目的とする。

（２）コミュニケーション（人間交流）の展開

コミュニケーション（人間交流）の場として、学校・保育園・幼稚園・子ども園・放課後等デイサービス・職場・地域など、こうした「場」におけるコミュニケーション（人間交流）の進展は「①ラポールづくり（心地良い環境）②交歓（親しいかかわり）③集団の活性化④自己表現活動」というステップで行われる。最初の「ラポールづくり」とは、障害児（自閉症児など）の治療などで、治療者とクライエントのつながりを見つけだすことを意味する心理学用語だが、平たく言えば「信頼関係を作りだす」ということだ。知らなかった人同士が何らかの関係を作り、共通項を発見するということ。それは、「同じ場所にいる」→「目と目が合う」→「同じ声を出す」→「同じことをしあう」……というような展開をたどり、徐々にラポール（心地良い環境）がつくられていく。ラポールづくりを経ると、「交歓（親しいかかわり）」の段階に入る。この段階では、「ふれあう」「見つめあう」「相手のことを予測する」「1つの約束のなかで互いにかかわり合う」などの動きが進行する。そして、互いに容認できる関係のなかで、自分を隠すことなく自身の考えを発表できる雰囲気が生じ、積極的なかかわりあいが高まっていく。ここで初めて、個人は1つの生きた集団を作ることになり、集団は活発な動きを見せるようになる。この段階を経て、集団における自己表現が生まれてくる。こうした展開のなかで「コミュニケーション（人間交流）」は、何を意味するのだろうか。それは、常に集団と個人との高まりの方向を意識し、ラポールづくりから自己表現段階に至るまで、コミュニケーション（人間交流）の主体である子どもたちを効果的に導くこと。こうしたコミュニケーション（人間交流）の過程の広がりと高まりを促進する働きかけを、ＮＰＯ法人あったかコミュＲみえ（放課後等デイサービスＡＡＯあがた・かわごえ）のスタッフみんなの共通認識とする。

（３）コミュニケーション（人間交流）の方法

コミュニケーションを深めるためには何が必要であろうか。人と人がかかわりをもっていくためには、「バーバルコミュニケーション」と「ノンバーバルコミュニケーション」を介することが必要となる。ただじっと言葉や動きもなくいるだけでは、ラポールづくり（心地良い環境）がうまくいかない。人が集まる場では「ともに動き、ともに言葉を発しあう」ことが、互いの共感を作り出すために欠かせない方法となる。コミュニケーション（人間交流）の中で「動き」と「言葉」を引き出すため方法として、遊戯やゲームなどの「遊び」がある。この遊びを通してさまざまな動きや言葉が生み出され、それが人と人をつないでいく。そういう意味では、遊びは人と人の「かかわり」を作りだすための原点である。

人が同時に動いたり、言葉を発したりするときに、動きや言葉が一定のリズムを刻むことがある。人間はあるリズムに乗って規則的に動いたり声を出したりすることに生理的・心理的な喜びを感じている。言葉がリズムを伴えば「掛け声」となり、「歌」になる。声の高さに規則性が現れれば「メロディー」が生まれ、さらに音と音を重ねた「ハーモニー」へとつながりが広がる。たとえば、動きがリズムを伴えば「手拍子」や「足踏み」となり、それはそのまま「踊り」になる。踊りは繰り返し行われる手足の躍動的な動きがある。そして、民謡やフォークダンスにつながっていく。「遊び（ゲーム）」「歌（ソング）」「踊り（ダンス）」は、動きと言葉を土台にした、人間にとって最も根源的なコミュニケーションの方法と考えている。

（4）遊び（ゲーム）の伝達スキルのポイント

①一人一人を大切にするかかわり

集団の中の一人として意識をしていることを言葉と動きで伝える。

②楽しさの本質をしっかり理解する

遊び（ゲーム）個々に楽しさがあります。その楽しさを混ぜて「導入段階（やる気を作りだす）」「交流段階（仲間とふれあい信頼関係を築かせる）」「自己表現段階（仲間の魅力に気づく）」をイメージしたプランの作成。

③説明のゲーム化

説明の時間も参加者が遊び感覚でルールの理解につなげる。

④段階を踏んだ伝達
ゴールまでのプロセスを全て伝えるのでなく、ワンフロアーづつプロセスを伝える。

⑤適切なモデルを見せる
言葉で伝わりにくい場面などで、視覚で伝える方法。

⑥同じ動作・同じ発声・同じ呼吸
イメージは、お祭りでみこしを担いで掛け声の「わっしょい!!」「わっしょい!!」と仲間が1つになる様子。

⑦確　認
理解できているかな。伝わっているかな。困っていないかな。など

⑧観　察
新しい発見・個々の特質に目を向ける。など

⑨主体者を主人公にする
だれが主体者かをしっかり把握する。

⑩プラスのストローク
遊びを通してコミュニケーションの充足を図ることにつながります。

⑪ポジティブアプローチ
心地良い空間を意識する。

⑫一指示一行動
一度に複数の注文をしないで、1つ1つの積み重ねながら全体を伝える。

◀3▶　さまざまなコミュニケーション

（1）ラベリングについて

「ひろぼうは親友だからなあ。」そう言ってくれるのは近所に住み毎週末朝早くから現れる私の甥っ子9歳。「ひろぼうのこと大好きや。」そう言ってぎゅーっと抱きついてきてくれるのは、年に数回実家にはるばるやってきてくれる甥っ子11歳。「タナカがじいさんになったら俺が介護したるわ。」学級崩壊させ、いくつかの同業者も崩壊させてきた10歳児童。「ほんとうにありがとうな。おかげで学校卒業できたわ。」警察に何回もお世話になっている元不登校生徒。「タナカさんは大事な友だちです。」他人といるより本の世界が大好きな発達に課題があるという10歳児童。これまでにたくさんの子どもたちとかかわらせてもらい、学ばせてもらってきた。

うちには10歳と7歳の女の子がいる。そして超少子高齢社会と言われる現在に、娘らと同年代の子どもたちが近所にたくさんいる。なので週末になると朝8時半ごろから色んな子たちがとっかえひっかえやってきて、一緒にご飯を食べたり、色んなことをして遊んだりと、ちょっとした学童や子ども食堂、子だくさんの大家族なみに1日中とっても賑やかである。

普段は「心身等に課題がある」「いわゆる障害児」とされている子たちと一緒に活動する「放課後等デイサービス」や多世代多年代多状況の交流の場「みんなで食堂」では働かせて頂いているので、結局、月曜日から日曜日までたくさんの子どもたちとわいわい楽しく過ごさせていただいていることになる。こんなありがたく幸せなことはない。「田中さんはしんどくないの。」

こんな生活っぷりをしている私をみて、多くの自称〝おとなたち〟は、心配というより不思議そうに質問してくることがある。それに対して私はいつも「いや。楽しいよ。」と満面の笑みで自信たっぷりに答えている。そしてだいたいまた不思議そうにみられるか、あきれられることが多い。しかし事実、この生活にしんどいと思ったことはないし、こんなに楽しく幸せに過ごせていいのかしらとすら思っている。しかしこういう質問が複数回いろんな方から来るということは、きっと希少な存在なのかもしれない。逆に言えば、そういう風に感じられないひとが大多数、ほとんどなのだろうと思う。それはなぜなのか。それは「子どもたちとどうかかわったらいいか分からない。」「子どもをどう育てたらいいか分からない。」「子どもを好きになれない。」といったことと根っこはつながっていると思っている。「パパはおとなだけどおとなじゃないみたい。」いつも遊ぼう遊ぼうと言ってくる次女はときどき鋭いことも言ってくる。しかしこれが当たりなのである。そしてここに私の「子どもとのかかわり方」というより「〝ひと〟とのかかわり方」のヒントが隠れているのである。

みなさんは自分のことを紹介するときにどのようにお伝えしているだろうか。「〇〇会社の〜です。」とか「〜です。××をやっています。」のように「自分が何者でどういう立ち位置なのか」を自分の名前の前後に付けているのではないか、と思う。私も一応これでも社会人なので、名刺を持ち、そしてこれと同じように自己紹介をしている。この「自分、または説明したいひとが何者でどういう立ち位置なのか」を紹介したり説明したりする言葉たちを私は全部まとめて「ラベル（Label　貼り紙）」と呼んでいる。文字通り、そのひとに「貼り付いているもの」である。これはマイナスの意味で使われている「レッテルを貼る」の「レッテル」も含まれている（実はレッテルを英語で表すとLabelなのだが、ここではわざ分けている）。

私はこの「ラベル」こそが、子どもたちや子ども以外のひとたちのかかわりで最大の課題であると考えており、ひとかかわるときにはこの「ラベル」をぺりぺりと「取り外す」「剥がす」ことが大事なのだと話している。これは、私が考え出したものではなく、他でもない「子どもたち」と一緒に過ごす中で、学び、気づけたことなのである。では「なぜラベルを取り外すことがかかわるときに大事」で、「どのようにラベルを剥がすのか」であるが、その前にこのいきなり悪者扱いされている『ラベル』とはいったいどういうものであると田中は捉えているのか、そんなに悪いものなのか否かを初めに一緒にみていきたいと思う。

「ラベル」を広辞苑で引いてみると次のように書かれている。

『ラベル【label】目印のための貼り紙。付箋。レッテル。レーベル。「―を貼る」』

それではこの説明にも出てきており、どちらかと言うとマイナスの意味でよく使われる「レッテル」をみてみると、

『レッテル【letter オランダ】①商品に製造会社などが貼りつける紙札。商標。ラベル。②転じて、ある人物や物事に対する特定の評価。』

なるほどどちらも「貼り紙」ということが分かる。そして「レーベル」や「商標」のように「そのものが何なのか」を説明するものであるようだ。注目したいのは「ラベル」とイコールの「レッテル」の説明にある「ある人物や物事に対する特定の評価」という部分だ。この主語は2通り考えられる。1つは「私が評価する」ということ、もう1つは「私以外のだれか（つまり他者）が評価する」ということである。これらから「ラベル」は「目印」であり、自分または他者が「評価するときに使うもの」である、と言えそうである。それでは具体例を挙げてみながら、「ラベル」の存在意義を考えてみる。人は生まれて、成長し、やがて老い土に還るまで、色んな名称や肩書を付けられる。たとえば「赤ちゃん」や「高齢者」、「男性」や「女性」、「健常者」や「障害者」、「支援者」や「利用者」……など。あと「社長」「会長」「平社員」「先生」「生徒」などもそれらに含まれ、数えだしたらきりがない。世の中には肩書きが命、というひともいるようで名刺にたくさん載せられるだけ載せている方もいるが、そこは個々の趣味嗜好なので勝手にどうぞというくらいで個人的には終わらせておくとして。それら名称や肩書などをここでは「ひとが便宜上勝手に作り出し貼り付けられた印」、それが「ラベル」なのだ。この「ラベル」が人間社会には星の数だけある。しかし自然社会にはない。いやある、という方はおそらく植物学か動物学の偉い先生が名づけた「ラベル」のことであって、イヌやネコや花やちょうちょたちが

自ら考え付けたものではない。「ラベル」は知能や文化が発達した人間たちだからこそ生み出すことができた画期的な発明品なのだ。ではなぜひとは「ラベル」を貼りつけたがるのだろうか。その理由は3つある。それは「安心のため」、「表明のため」、そして「管理のため」と考える。

ひとは自分にしろ他人にしろ「何者なのか」「どういう状態なのか」ということが分からないととても不安になる傾向がある。たとえば病気を患ったらうちでおとなしく寝ていたら良いのに、わざわざ無理して病院へ行き「風邪ですね。」とラベルを医者から貼ってもらってやれやれと安堵し薬を持って帰ったり、自分の子が周りの同年代の子よりも発達がゆっくりならのんびり育つのを楽しんだら良いのに、「育て方が間違っているのかも。」と子育てマニュアル本を買いあさり、「もしかして障害かしら。」と心配し療育センターへ相談し、現状のラベルを貼ってもらって落ち着いたりする、などはよくよく見られる光景である。このように、ひとは自分だけの考えだけでは不安になるところがある。よって、そんな人たちの「安心のため」にラベルは存在している。「安心のため」より一見ちょっと積極的にみえる「表明のため」という理由。これは自分が何者なのかを相手に知らしめるということだが、これも実は相手に自分は何者かを伝えるだけではなく、自分が何者かを自分のために設定しているともとれる。それは自分自身が不安にならないように、結局は他者と自分が安心できるように「表明」しているのである。

この社会にはさまざまな状況状態のひとが同時に色々な場面でめいめいに暮らしている。これらを好き放題に野放しにしておいては規律がとれず、生活に支障が出る。それらをまとめるために「国」「自治体」などが生まれ、「憲法」「法律」ができてくるわけだが、それだけではまだまだ統制がとれない。いろんな状況状態のひとたちをざっくりまとめるのは非常に困難かつ非効率であるので、いろんな状況状態のひとたちの「いろんな」を明確化、分類化、カテゴリ化し、それぞれの専門が対応するという分かりやすく効率的になるような仕組みをつくった。そのとき生まれたもの、それが「ラベル」である、と考えている。

①「ラベル」には本人が望まない、望んでいないキャラクター設定を、他者から強制的に決めつけられることがある。

②「ラベル」には、本来のそのひとではないキャラクター設定に書き換えてしまうことがあるからだ。

③「ラベル」には、1つめの理由、2つめの理由により、ひととひとを分断してしまう力があるからだ。ひとが「不安」に対応するため、「安心したい」ために生み出した「ラベル」は、「安心」と引き換えにひととひとを「分断」してしまっていると考えている。

そしてもう少し付け加えるならば、「ラベル」で得ていると感じている「安心」は、本当の「安心」ではなく、「不安」をごまかしただけの、ニセの「安心」であると思う。

それはたとえば、生活の不自然からくる病気を、症状だけを薬で抑え込む対処療法とイコールである。見つめなおさなければいけない本当の課題はほかにあるのだ。なのに、薬で治ったと錯覚し、病気の本当の理由を見つめ直さないから、病気は繰り返され、そして大病となり、命を落とすことになるのである。ひとの「不安」を「病気」、「ラベル」を「薬」とみたとき、ひとの「不安」の本当の理由を見つめ直さず、「ラベル」を万能と信じ続けていたら、もっと大きな「不安」になるということだ。それでは、もっと大きな「不安」とは何なのか。それは、まさに現代社会で起きているさまざまな社会問題全体であると思っている。私はひとの「不安」をごまかして解決しようとしている「ラベル」というツールこそが、ひととひととのコミュニケーションを阻害し、ひとがひとである上で大事なことを忘れさせ、よってさまざまな社会問題へとつながっていっていると思っている。だから子どもたちと、ひととかかわるときには、まず「ラベル」を外すべきだと言っているわけである。

◀4▶　障害についてのラベル

特に中途障害という「健常者」から「障害者」にある日突然ラベルを貼り替えられた方は感じられるだろう。たとえば交通事故で一命は取り留めたものの、下半身不随になってしまった場合である。昨日まで使っていなかった車いすの生活になり、介護などひとの力を借りなくてはならないなど色々これまで通りにはいかなくなることは多々あるだろう。しかし、事故をして障害状態になったとしても、そのひと自身は変わってしまうのだろうか。事故の後遺症や精神的なダメージにより性格や知能レベルが多少変わってしまうことはあるかもしれない。しかし、そのひとは障害者という別のひとに変わってしまったのでない。状態や状況が変わっても、そのひとはそのひとであることには違いがないし、そのひと自体の価値も決して変わらない。なのに、障害状態になり「障害者」とラベルを貼られると周りが悲しみ、本人も落ち込むことが多いのは、「障害者」のラベルを貼られたら終わりだ、苦労しかない、社会のフィールドから出なくてはいけなくなった等とマイナスイメージがくっ付いているからである。

先天性の「障害」を持っていると事態さらに複雑だ。「先天性障害」のラベルを貼られた瞬間、周りはその子の人生を思い悲しみ、涙することが多いのではないか。それは勝手にその子の人生が「苦労」「大変」「かわいそう」な人生になると勝手に思っているからである。しかし、よく考えてほしい。その生まれながらの「障害」とラベルを貼られた子にとって自分の状況はこの状況で「ふつう」なのだ。そして本人は将来のことをまず心配もしていないし、悲しんでもいない。なぜならこの状況がその子そのものであり、それで苦労したり大変だったりはそのとき本人が感じ、決めることであって、今現段階ではだれも分からないのである。もっと言ってしまったら「健常者」のラベルを貼ってあっても苦労や大変なことは起こりえる。なのに生まれつき「障害」がある、ということで、「健常者」は自分たちより大変でかわいそうな設定にしているのである。少しでも苦労しないようにと受診や訓練を健常児に比べてかなりの時間をかけるわけではあるが、当の本人はなぜ自分だけこんなにあれこれさせられるのか分からないまま、周りに付き合っている感じだと思う。本人の希望や思いはいったいどこにあるのか。これは先天性であっても、中途であっても同じようなことが言えるように思う。余談ではあるが、表面上の福祉的なやさしい言葉は毒性が強いと障害を持っている方が話してくれた。「大丈夫だからね。そのうち良くなるからね。」と言われると、自分は大丈夫でなく、良くもないのか、と感じてがっかりしてしまうとのことである。

ここまできてあなたは、「なぜ、ひとがつくったラベルというツールに、ひとはこんなに従順になっているのだ。」と不思議に思うかもしれない。そう、その答えこそが私が「子どもをはじめ、ひととかかわるときはラベルを剥がすことが大事なのだ。」ということの最大の理由であり、そして伝えたいことなのである。

私が社会人1年目で働かせて頂いた保育園に、ほかの保育士さんたちから「問題児」というラベルを貼られた3歳の男の子T君がいた。T君は集団活動が苦手というより興味がほかにあるようなタイプで、クラスで何かをしようとすると必ずと言っていいほど行方不明になっていた。保育士さんたちはその都度園中探し回って、見つけ出し、T君を抱きかかえて連れてくるのだが、だいたいまたすぐいなくなるのだ。こんなことが毎日行われていたので業を煮やした先輩保育士さんたちは新人の私にT君担当を任命した。

私に代わってもその男の子は集団から消え続けていた。私は他の保育士先輩方のように見つけては抱きかかえてクラスに連れてきていたが、全く状況が改善するどころかその回数が増えていく一方だったので、自分のスキルのなさとふがいなさ、T君の勝手な行動にイライラしていた。と同時に、このやり方、かかわり方がほんとうにいいのか疑問も湧いていた。

ある日、いつものように逃走したT君を追いかけていくと、男子小トイレの前でしゃがみこんで何やら熱心にみつめていた。トイレの水を流すボタンを押しては、しゃがみ込んで、流れて出てくる水をじっと見ているのだ。いつもならそのままUFOキャッチャーのように捕まえ有無も言わさず連れていくところだが、その姿がとても懐かしい、大事な場面のようになぜか感じ、一息ついてこうT君に尋ねた。

「T君、なにをそんなにみているの。」

T君はこちらに気づき、ちらっと私をみるが無視して流れる水を見続ける。私は近づき、一緒にしゃがんでしばらく流れる男子小トイレの水を眺めさせてもらうことにした。あまりこちらから喋りかけるべきではないと感じたからだ。

「ねえ、せんせい。このお水はどこからやってくるの。おもしろいね。」

T君から話かけてくれた。それもとびきりの笑顔でだ。そりゃトイレだもん、ボタン押したら水は流れるよ、と今までの私なら即答していただろうが、それは余りにもったいないと感じたので、自然にこう返していた。

「どこからだろうねー。本当におもしろいね。もし分かったら教えて！」

自分でもどうしてこんなことを3歳児に言ったのか分からない。しかし、その時保育士と園児、おとなと子どもという関係を超えた、というより彼とひとつになっているような感覚になっていたのを覚えている。とっても穏やかで心地いい関係がその時できていた。そして不思議なことに自分からクラスへ戻っていったのだ。そしてその日を境にT君の脱走は完全には無くならなかったが激減した。なにより私自身が、T君が脱走しても心がざわつかなくなっていた。

これは私が「ラベルを剥がす」ということを3歳児のT君に教えてもらったという実話のケースだ。私は福祉大学の卒業したてて、社会福祉士の免許とりたてで、園児にたくさんのことを体験してもらおう、伝えようとやる気いっぱいで燃えていたわけだが、今思うと「保育士」「おとな」というラベルを自分に、T君たちに「園児」「子ども」という「ラベル」をべったり貼り付けていた。私はT君のために注意していたのではなく、おとなの都合で彼を「園児」というラベルに合うようにしていた。T君に向き合おうとしていなかった。他の保育士先輩と同じく「問題児」としてしかみていなかった。だからT君はどれだけ注意しても伝わらなかったのだ。彼は自分のことを「問題児」だとはこれっぽっちも思っていなかったから。この体験を境に私は、「保育士は、子どもたちにあれこれ指導したり、学ばせたりするものだと思っていたけど、全くの逆だ。子どもたちから私たちが学ばせていただくことの方が多いし、なによりも尊い。」と思うようになる。

「自己肯定感を高めよう」ということが世間で沢山言われている。うちの法人もこれは活動において大事なキーワードにしている。しかしこれは逆に言えば「自己否定感のあるひとが多い」ということである。

「自己否定」の状態というのは簡単に言えば「自分なんてだめなやつだ。」ということだ。これが突き進むと「自分は必要とされていない。」そして「いてもしょうがない。死のう。」となるわけである。

なぜこのような考え方になるかというと、前述してきたように、ひとは脳が発達したゆえにあれこれ考えてしまい、よって「不安」になりやすい。さらに社会からのラベルというツールによって、他者のように納得できなかったり、うまく求められる役割ができなかったりすることで「自己否定」になるわけである。

「ラベル」にしろ「自己否定」にしろ、共通して言えるのは「他者優先で自分の思いや考えがそこにはない」ということである。そして、「不安」も「否定」も自分でそうなるように決めて、それを実践しているのである。

よく子どもや部下を育てるのに「ほめるのが良い」とか「承認が良い」とか言われるが、私は、これは一時しのぎであり、違うと思う。本当に「自己肯定感」を持っていたら、他者からの「ほめ」や「承認」がなくても「自分は自分」「他者も同じ」という揺らぎない状態を保てるからだ。

児童分野や障害児分野で「指示どうりにできたら、ご褒美をあげることは成長発達に効果的である」みたいな都市伝説みたいなことがあるが、私は必要ないと思う。こんなことをしても「取引」を覚えるだけで、その子たちの成長にはならないどころか、将来的に「エサ」がグレードアップして収集つかなくなるだけだ。

またこれも障害分野の話だが「見通しが必要」というのもこの「ご褒美」と同じである。全く彼らの成長に意味ないどころか百害あって一利なしだ。なぜか。根本的な大事なことを抜かして、おとなの都合に合うように子どもをコントロールしているだけだからである。そこに子どもたちのためというものは、ない。

根本的に大事なこととは、なぜそれが必要なのかを自分で感じて、「考えること」である。そして自分はどれを選択し、どう決めどう動くか、ここが本当に大事なことであり、習得すべきことなのである。

これができるようになるためには「自分は自分」「他者も同じ」というひととしての核の部分を育んでいくしかほかない。これを伝えていくためには、まず自分がラベルを全て外しかかわることである。

「子どもはおとなの言うことをききなさい。」ではなく、「このひとのいうことならききたい。」「こんな風にかかわってくれるひとになりたい。」そのように相手に感じてもらえるように自分が変わるだけなのである。童話「北風と太陽」

の話のように、北風みたいに外側から力づくで相手を変えようとしても反発心を産むだけで、仮にうまくいきそのときは良くても先々にしっぺ返しが必ず来る。必要なのは太陽のあたたかさ、内面からそのひとがそうしたいと思えるようにかかわることだ。

立場や資格など「ラベル」が必要なときはある。そういった時はツールとして自分で選んで自分で決めてそれを使う。他者や社会のせいにせずに、自分の責任においてそれを文字どうり「道具」として使用したら良い。そして不必要な時はそれを外せるよう意識するだけで、道具に取り込まれることはなくなるはずである。

このような話をすると「自分勝手なひとが増えて収集がつかなくなるのでは。」と心配する方がでてくると思うが心配はいらない。光と闇が表裏一体のように物事には二面性がある。「自分らしくあること」と「自分勝手」は同じ自由のように見えるが、根本的に違う。「自己肯定感」があり「自分は自分」としているひとは、決して他者を否定しない。それどころか他者を大事にするものである。だから「他者も同じ」という風に思うことができるのだ。これの対極にあるのは「いじめ」「暴力」そして「戦争」である。

子どもたちが「安心」して育っていくためには、わたしたちがまず本当の意味で「安心」した状態でかかわること、両者にラベルのない純粋な「わたしとあなた」でいられることが大事であると思う。

かく言う私もいつもラベルをコントロールできているわけではない。意識していないとツールに取り込まれそうになることも多々ある。そんなときは子どもたちと一緒になって全力で汗だくになって遊ぶのである。「遊び」はラベルを自然と剥がしてくれる。なぜなら「遊び」は心から自分で決めて自分で行動するものだからだ。そこにラベルは必要ない。「遊び」が「自己肯定感」を高める理由はそこにある。

子どもたちは生まれ持っての「遊び」の天才だ。それができにくいという状態は色んなラベルが周りから貼りつけられているからだろう。そのため自分が抑えられ「自己肯定感」が下がっているのだろう。それを一緒に全力で遊んでいけば、自然とラベルも不安も消えていく。そして本来の力を発揮していき、その子らしく自然と成長していける。私たちの法人の事業のひとつ放課後等デイサービス事業のメインテーマが「よく遊び、よくまなぶ」なのも、名称が「ＡＡＯ（エイエイオー）」なのも、遊びを通してこそ子どもは成長し、自己肯定感を育んでいけると信じているからである。

はじめにも書いたが、週末になると朝から近所に住む甥っ子姪っ子やうちの姉妹の友だちが本当にわいわい遊びにやって来てくれる。一週間放課後等デイの子たちと過ごし、活動エリアの方々と活動させてもらい、休日もたくさんの子たちと一緒に遊ばせてもらえていることは、本当に幸せなことだと思い、日々感謝している。叶うならば人生が終わるその日までこんな日々が変わらずますます賑やかに過ごせたらよいなと思い、またラベルの必要のない社会にしたいと切に思う。

参考文献

広辞苑無料検索　広辞苑無料検索（sakura-paris.org）

第14章 高齢者施設などにおける専門職としてのコミュニケーション

はじめに

令和3年版高齢社会白書によると、日本の総人口は、2020（令和2）年10月1日現在で、1億2571万人、そのうち65歳以上人口は、3619万人、そして、総人口に占める65歳以上人口の割合（高齢化率）は28・8％となった。総人口に占める高齢者の割合が28・8％とは、国民の約3割が65歳以上の高齢者ということである。そのような社会情勢のなか、今後ますます必要になる専門職が高齢者施設を中心として活躍している介護職である。

介護職は、さまざまな生活上の課題を有している対象者（以下、利用者）に対して、介護や家事を中心とした生活を直接支援するなかで利用者とコミュニケーションを図り、利用者がその人らしいいきいきとした生活が送れるように支援している。ケアワーカーとも呼ばれる介護の専門職である。そうした介護職は、介護保険施設や障害児者等の社会福祉施設、保健・医療施設等で働いたり、在宅ケアでの訪問介護サービスや通所系サービス等に従事している。このような介護にかかわる仕事をしている数ある介護職のなかで唯一の国家資格が介護福祉士である。

本章ではこの介護福祉士の資格と準拠法、そして介護福祉士を含めた介護職の介護現場における利用者とのコミュニケーションについて述べる。

介護福祉士の成立

（1）介護福祉士の準拠法

1987（昭和62）年に社会福祉及び介護福祉士法が成立し、介護分野における初めての国家資格である介護福祉士が誕生した。

法律の内容は、国家資格である社会福祉士と介護福祉士に生じる義務や名称の使用制限、義務違反に対する罰則などが記載されており、業務が正しく行われるために制定された。

法律制定以前から当然介護の仕事は存在していたが、世界でもまれにみる急速な少子高齢化のなか、高齢者の人口増加が一層深刻化し、介護の重要性は再認識された。こうした背景のなか、少子高齢者社会において欠くことのできない介護職の人材確保は必須であるが、それのみにとどまらず、介護を行う専門的な倫理と知識、技術を持った専門職として社会に広く認知されるため、国家資格としての「介護福祉士」が誕生したのである。

（2）介護福祉士の職務

前述の社会福祉士および介護福祉士法の制定当初の介護福祉士の定義は、第2条第2項に以下のように示されていた。

「身体上又は精神上の障害があることにより日常生活を営むのに支障がある者につき入浴、排せつ、食事その他の介護を行い、並びにその者及びその介護者に対して介護に関する指導を行うこと（以下「介護等」という。）を業とする者をいう。」

このように制定当初は、「介護」の内容として「入浴、排せつ、食事その他の介護」と規定されていたことから、三大介護といわれる身体介護を中心としたいわゆる身の回りの世話、介護をすることがその役割とされていた。しかしその後、認知症高齢者の増加などを受け、２００７（平成19）年の同法の改正では、「介護」の内容を「入浴、排せつ、食事その他の介護」にとどまらない「心身の状況に応じた介護」、つまり身体介護にとどまらない精神面をも含めた介護の担い手として規定した。

また、「社会福祉士又は介護福祉士は、社会福祉及び介護を取り巻く環境の変化による業務の内容の変化に適応するため、相談援助又は介護等に関する知識及び技能の向上に努めなければならない」と記されており、その役割は利用者の生活全般にかかわりながら、利用者とその家族を支えていくための知識と技能の向上はもとより、介護の質の確保と向上が求められることになった。

２００７（平成19）年改正時の定義は以下のとおりである。

「身体上又は精神上の障害があることにより日常生活を営むのに支障がある者につき心身の状況に応じた介護を行い、並びにその者及びその介護者に対して介護に関する指導を行うこと」

そして、２０１１（平成23）年の同法改正では「心身の状況に応じた介護」に「喀痰吸引その他のその者が日常生活を営むのに必要な行為であつて、医師の指示の下に行われるもの（厚生労働省令で定めるものに限る。以下「喀痰吸引等」）を含む。」とされ、それまではできなかった喀痰吸引や経管栄養といった、一部の医療的ケアを介護職も行えるようになったのである。

増大する医療ニーズをもつ利用者に対応するため、一定の条件を満たすことを要件としたうえで、喀痰吸引等医療的ケアをも実施する担い手として、介護福祉士が実施する「介護」の領域はさらに拡大されている。

このように時代の要請にこたえ、介護福祉士に求められる役割は拡大し、変化しているのである［介護福祉士養成講座編集委員会２０１９c：26－30〕。

（3）介護福祉士の資格取得

２００７（平成19）年の社会福祉士及び介護福祉士法の改正により、介護福祉士資格を取得するには国家試験の合格が義務付けられた。介護福祉士の受験資格を満たす方法は、大きく分けて３つである。１つめは介護施設などで実際に働きながら経験を積み、実務者研修を修了する実務経験ルート。２つめは高校や大学を卒業後、養成施設として指定を受けた福祉系の専門学校などに入学し、規定の年数を修了する養成施設ルート。３つめは福祉科や介護福祉コースなどがある高校や特例高校を卒業する福祉系高校ルートである（「介護福祉士の資格取得方法」厚生労働省ＨＰ）。

この３つのルートのいずれかを経て受験資格を満たし、国家試験を受験することで介護福祉士の資格を取得できる。養成施設ルートと福祉系高校ルートはかつて、試験を受けずに介護福祉士の資格を取得できたが、介護福祉士の資質や社会的地位の向上を図るために、国家試験を義務付ける方針が固められ２０１２年度から国家試験が義務化されることになった。しかしその後、国家試験の義務化は何度も延期されており、２０２０（令和２）年１月にさらに延期になることが明らかになった。現在は２０２７（令和９）年から義務化の予定とされている。そのため、国家試験を実施している公益財団法人社会福祉振興・試験センターのホームページには「養成施設を令和８年度末までに卒業する方は、卒業後５年の間は、国家試験を受験しなくても、または、合格しなくても、介護福祉士になることができます。この間に国家試験に合格するか、卒業後５年間続けて介護等の業務に従事することで、５年経過後も介護福祉士の登録を継続することができます。令和９年度以降に養成施設を卒業する方からは、国家試験に合格しなければ介護福祉士になることはできません。」と記載されている。

◀2▶ 介護福祉士養成校における学び

(1) 介護福祉士養成校のカリキュラム

前述の介護福祉士国家試験受験ルートにおける最短コースが、2年以上1850時間以上の養成課程を修了する専門学校、短大等（以下、養成施設）である。

本項では養成施設における介護福祉士養成についてその一端を述べる。

養成施設では、介護福祉士としての基本知識として、人間と社会（人間の尊厳と自立・人間関係とコミュニケーション・社会の理解）、介護（介護の基本・コミュニケーション技術・生活支援技術・介護課程）、こころと身体のしくみ（発達と老化の理解・認知症の理解・障害の理解・こころ身体のしくみ）の3分野について講義や演習により知識や技術を習得するとともに、福祉施設や訪問介護事業所などにおいて「介護実習」を行い、介護の専門技術や高齢者等とのコミュニケーション技術を培い、他職種との連携方法について等幅広く学んでいる。

特にコミュニケーションに関しては、「人間と社会」の分野において「人間関係とコミュニケーション」、そして「介護」の分野において「コミュニケーション技術」を学んでおり、対人援助職として欠くことのできないコミュニケーションについては机上での学び、グループワーク等による演習、実習における実践と多くの時間を充て、知識と技術を学び、実践を積み、コミュニケーションについて学びを深めている。

(2) レクリエーション活動援助法

上記に挙げたコミュニケーションの授業以外にも、各科目においてグループワークや課題発表、ロールプレイングなどの機会を多く設け、自然にコミュニケーション力が身に着く工夫もされている。なかでもレクリエーション活動援助法は、2年制の養成校において、1年生の通年、2年生の前期という時間を要し、レクリエーションの基本と応用、実践を学ぶ科目である。レクリエーションは、レクリエーションワークとも呼ばれ、社会福祉専門職の援助技術、ソーシャルワークの1つである。

レクリエーションの定義は、「心を元気にすること」ゲームや歌など楽しさを通して生まれる利用者同士の相互作用を活用して、利用者の心や体に前向きな変化をもたらすことを目指している。

レクリエーションは机上の学びだけではなく、実践で学ぶことが多いため、ゲームを進めるなかで、学生同士が互いにコミュニケーションをとる場面が頻繁に生じる。座学のロールプレイングのように、「お互いに向かい合いましょう」と指示されて行わなくとも、ゲームを進行するなかで互いに向き合い、自然にコミュニケーションをとることができるのである。こうして学んだレクリエーションを実習の場で実践し、利用者とのコミュニケーションツールとして活用しているのである。

3 介護職のコミュニケーション

(1) 対人援助における基本的態度

介護福祉士を含めた介護職やさまざまな対人援助における基本的態度は、カウンセリングにおけるカウンセラーの基本的態度と共通するものである。特に重要とされる傾聴、受容、共感について以下に述べる。

① 傾　聴

傾聴は面接の基本と言われているように、対人援助において最も重要な姿勢であり、信頼関係の基盤となるものである。対人援助の基本的姿勢として知られるバイステックの7原則において、クライエントのニーズとして捉えられている次の内容は高齢者施設等を利用する利用者のニーズと重なるものであると考え、一部を紹介したい。それは「①個人として迎えられたい、②感情を表現し開放したい、③共感的な反応を得たい、④価値ある人間として受け止められたい」〔吉弘・横井編 2015：49〕。

これらを念頭におき利用者の話を聴くことが傾聴の第一歩である。大辞林第三版によると、「傾聴」は「耳を傾けて聞く。注意深く熱心に聞くこと。」である。介護職が利用者の声に耳を傾けて、利用者の話を注意深く熱心に聴く姿勢は、親身に自分の話を聴いてくれている、ありのままの自分を認めてもらっているという利用者の安心感につながり、信頼関係の基本ともなる姿勢である。ただ、ここで注意したいことは、傾聴は言葉を聴くことだけではないということ。利用者が何を言おうとしているのかを受け止めようとする聴き方、からだ全体で聴くことがもっとも重要である。特に高齢者施設等を利用する利用者は、自身の思いや気持ちを表に出すことが難しかったり、言葉を発すること自体が困難であることが少なくない。そして、その言葉にならない利用者の思いや気持ちをくみ取り親身なって利用者の生活全体にかかわっていく、それが介護職なのである。

②受　容

傾聴で受け止めた利用者の話の内容、感じていることなど、利用者のありのままを肯定的に尊重して受け入れていくという態度のことである。ありのままということは、条件付けをしない、そのままの利用者ということであり、無条件に受け入れるということである。介護職が利用者のことを無条件に尊重し受け入れているという態度が、利用者に伝わることで、利用者は「受け入れられている」と感じることができるのである。そして忘れてはならないことは、利用者に対して、尊重する気持ちをもちつつ、自身が発する言葉だけではなく、全身から醸し出される態度や感情によって、利用者が受容されているか否かを感じ取る敏感さをもっているということである〔吉弘・横井編 2015：34〕。

介護職は、こうした利用者の個別性、多様性を理解し、利用者を人生の先輩として、一人の人間として尊重しその尊厳を守り、ありのままの利用者に向き合い、寄り添っていくのである。

③共　感

『大辞林』によると、「他人の考え・行動に、全くそのとおりだと感ずること。」「同感。」と記されているが、対人援助における共感は、それだけにとどまらない。感ずるだけではなく、それがあたかも自分のことであるかのように利用者の考えや行動を感じ取り、さらに理解することまでを含めて、共感なのである。利用者の考えや行動を全くそのとおりだと感じるためには、利用者のありのままを肯定的に尊重し受け入れること、受容することが基本的姿勢にある。介護職は、傾聴し、受容し、共感することで利用者一人一人が生きてきた時代、人生という歴史も含めて利用者を理解し、利用者の言葉や言葉にしていないことも含めて、その背景にある思いを感じ取っているのである。

(2)介護現場のコミュニケーションで大事にしているポイント

介護現場のコミュニケーションで大事にしているポイントには、介護福祉士の倫理でもっとも重要な「利用者の尊厳を守る」ことが根底にある。尊厳を守るということは、利用者のその人らしさを尊重することであり、利用者の立場に立ち、利用者のことを考えたコミュニケーションを行うことである。

①名前を呼ぶ

コミュニケーションの第一歩は、朝の挨拶から利用者の名前を呼び言葉を交わすことである。名前を呼ばれることで、自分の存在を認めてもらえている、気にかけてもらえていると感じるのである。

②利用者の言葉を繰り返す

利用者が話す言葉のなかで大事だと感じた言葉を繰り返したり、声の大きさや抑揚を利用者のペースに合わせることで話すことに対するハードルを下げたり、意欲を引き出したりすることができる。

③聞き上手になる

不安な思いや自身の昔話など何かしら話を聞いて欲しいと感じている利用者は少なくない。その思いに応えるように、親身になって話を聴くことは利用者に安心感を与えることにつながる。

④受容する

利用者の言葉や感情について否定も肯定もせず、ありのままに受け入れる。共感したり利用者の気持ちを理解して温かく寄り添うことで信頼感がうまれる。

⑤相手の言葉を繰り返す

利用者は介護者が自分の言葉を繰り返してくれたことで、自分の思いが伝わったと安心する。相手の言葉を繰り返すことには、「あなたの話をちゃんと聞いています」というメッセージが込められている。同様に、質問することも、相手の話をちゃんと聞いていないとできないこと。利用者の状況に合わせた質問の仕方をすることで、利用者の考えや思いを引き出すことができる大事なコミュニケーションツールである。

(3) 実践現場での事例から

利用者とコミュニケーションを取ろうとして「以前はよく将棋をしていたと言っていましたよね。一緒にしませんか」

と誘った際、利用者から「私、そんなこと言っていませんよ」と返ってくると、ついつい「確かに利用者さんから聞いたんですけど」と返してしまう。

介護者は利用者から聞いたという事実を伝えただけではあるが、利用者のその時の心理はどうだろうか。自分が覚えていないことを「あなたから聞いた」と言われることに対する戸惑い。自分の記憶が自分から遠ざかる怖さ、そういうことが度重なることにより自分がこれまでの自分ではなくなっているということに気づく悲しさ。このように、コミュニケーションを取ろうとするとき、悪意はなくても知らない間に利用者を傷つけてしまうということが起こり得るのである。

また、認知症高齢者とコミュニケーションを取ろうとしたとき、介護者は認知症高齢者が答えやすいようにと、簡単な質問やイエスノーで答えられる閉じられた質問を繰り返すときがある。コミュニケーションをとるために良かれと思って行なったことが、利用者にとっては「こんな質問をして、馬鹿にしているのか」と逆効果になることもあるのだ。

さらに、会話の中で何気なく使う「覚えていたんですね」という言葉。覚えていないことが前提にあるために発せられる言葉ではないだろうか。はじめは、「覚えていますよ」と返しても、度重なるうちに、悔しい思いがこみ上げてはこないだろうか。

高齢者や障害者など介護される立場に立つということ自体、今までの自分ではないことを突き付けられていると、ネガティブな感情をもつ利用者は少なくないだろう。

利用者にこうした感情が生じるかもしれないことを理解し、利用者に言葉をかけるとき、声に出す前には、一呼吸おいて「利用者がどのように感じるか」を想像することを忘れてはいけない。そして、言葉をかけることを躊躇わず、利用者一人一人に合った言葉のかけ方を模索しつつ、コミュニケーションを取り続けてほしい。

(4) さまざまなコミュニケーション

喉の渇きを感じにくくなる高齢者に対して、水を飲んでほしいと思ったときに発する言葉は、「お水を飲んでください」が一般的であろう。しかし、利用者自身が喉が渇いていると認識できていないのであれば、「飲みたくないのに無理やり飲まされる」と思って当然である。その場合、どのようなコミュニケーションを取ればよいのだろうか。なぜ水を飲んだ方がいいのかということを説明することで、理解してくれる利用者もいるが、さらに「私は利用者さんが水を飲んでくれると嬉しいです」と介護者が一言加えることはとても有効である。

これは「私（アイ）」を主語にして、メッセージを伝えるアイメッセージである。

「お水を飲んでください」には、「あなた（利用者）がしなければならない」というメッセージが隠れている。命令されていると感じる利用者も少なくないのではないだろうか。しかし、「私は利用者さんが水を飲んでくれると嬉しいです」は、命令ではなく、介護者の気持ちを伝えている言葉に過ぎない。水を飲むか飲まないかは、利用者自身の判断にゆだねられているのである。自身で選択できるというこの選択の幅があること、そして「私が水を飲んだら介護者が嬉しい」という「介護者を喜ばせる行動である」という感覚が、利用者の気持ちにプラスに働きかけ「もう少しだけ水を飲んでみようか」というゆとりのある感情を芽生えさせるのである。

介護職のかかわり方、言葉のかけ方は、利用者の行動を左右する。そしてその小さな一歩が次の意欲へとつながっていくのである。利用者に選択権を残し、ゆとりある感情を引き出すアイメッセージは、介護の根底にある「人間の尊重」に通じる有効なコミュニケーション方法である。

介護の現場では、言語コミュニケーション以外にも、多くの非言語コミュニケーションが活用されている。第2節2項で述べたレクリエーションのなかに、「伝承遊び」がある。折り紙やお手玉などの「伝承遊び」を利用者に提案し、一緒に折り紙を折ったり、お手玉をしたりするのである。すると、それまで無口で手指の動きもぎこちなかった利用者が、歌に合わせてお手玉をするという場面に出会うことがある。子どもの頃に慣れ親しんだ遊びが、自然と身体を動かしているだけなのかもしれない。しかし、このような「伝承遊び」を介したコミュニケーションは、利用者自身の脳や手指の動きの活性化をうながしたり、他の利用者とのコミュニケーションの機会をつくったりすることにつながるのである。

介護職が利用者に行う手指のマッサージにも、コミュニケーションツールとしての役割がある。マッサージは単に血行の促進を図るものではなく、肌と肌が触れ合うというスキンシップ効果によって、介護者と利用者の関係をさらに深める機会となる。

ただ、触れられることは、時に不快に感じることもあるため、たとえ利用者の了承を得て行なった場合でも、利用者の表情や状態に気を配りつつ行なう必要がある。

肌に触れるマッサージができるということは、利用者と介護者の関係が良好であると考えられるが、実際にマッサージを行なうことで、さらにその関係は深まると考えられる。マッサージされることによって、気持ちが和らぎ「癒し」の効果をもたらすことが期待できるため、リラックスした状態で話が弾み、普段のコミュニケーション場面では話さないことを口にすることもある。マッサージというコミュニケーションツールが利用者の新たな側面を知る機会をつくってくれるのである。

おわりに

介護職が利用者と信頼関係を築くために実践していることは、利用者の話をしっかりと聴き取り、言葉にならない思いを普段の生活のなかで感じ取り、理解しようとすることである。言葉にならない思いを理解することが難しくとも、利用者のことを理解したい、理解しようとする姿勢は利用者に通じる。利用者に寄り添い、理解したいという思いが利用者との心の距離を縮め、信頼という架け橋をつなぐのである。

１９５１年に来談者中心療法を提唱したロジャーズは、カウンセリング技法よりもカウンセラーの人間観と態度を重視していた。クライエントの枠組みでカウンセラーが一緒に考え、一緒に感じようとする態度がカウンセラーの態度として不可欠条件であるという考え方である［吉弘・横井編 2015：29］。

この考え方を介護の関係に置き換えると、介護者が介護者の枠組み（本項では価値観ととらえる）ではなく、利用者の枠組みで一緒に考え、一緒に感じようとする態度が不可欠であるということである。

介護者は自身の価値観を知り、介護者自身の価値観を押し付けず、利用者の話に耳を傾け、受け止め、理解する。そのためには、利用者の特性や価値観を知り、介護者自身が受け止める力を高めていかなくてはならない。そして、利用者がその人らしい生活を送るためにはどうしたらよいのかを、利用者と一緒に考えていくことが必要である。そのために、利用者と良好な関係を結ぶことは必須である。良好な関係を結ぶためには、介護職としての知識や介護技術の専門性に加え、手際の良さも求められるであろう。しかし、介護は対人援助職、人と人との関係性の上に成り立つ仕事であるため、コミュニケーション力こそが介護職の基盤として求められる力であり専門性であると考える。

参考文献

介護福祉士養成講座編集委員会［2019a］『最新介護福祉士養成講座1　人間の理解』中央法規。

介護福祉士養成講座編集委員会［2019b］『最新介護福祉士養成講座2　社会の理解』中央法規。

介護福祉士養成講座編集委員会［2019c］『最新介護福祉士養成講座3　介護の基本Ⅰ』中央法規。

介護福祉士養成講座編集委員会［2019d］『最新介護福祉士養成講座4　介護の基本Ⅱ』中央法規。

介護福祉士養成講座編集委員会［2019e］『最新介護福祉士養成講座5　コミュニケーション技術』中央法規。

吉弘淳一・横井一之編［2015］『事例で学ぶスーパービジョン――対人援助の基礎知識・技術を通して――』建帛社。

吉弘淳一編［2016］『福井の「幸せ」婚活マニュアル――指導と実践――』エクシート。

第15章　弁護士としてのコミュニケーションのあり方

はじめに

弁護士の業務と言えば一般的には民事、家事、刑事事件等の法律事件が想起されると思う。法廷に立ち書面を交わしながら弁論をする、というイメージだろう。

しかし、その他にも労働事件や子どもを対象とする少年事件、そして執行手続等の特別な手続が用意されている事件類型もあるし、契約交渉事件や会社内のコンプライアンス体制整備等の顧問業務、また、各種セミナーや研修等の講義も業務として行うことがあり、それぞれのコミュニケーションのあり方について論じるべきところは極めて多岐にわたる。

さらに一口に弁護士としてのコミュニケーションのあり方を述べるとしても各種の法律事件については、まず持って裁判官等との間の法律上のやりとりが主であり、この場面におけるコミュニケーションのあり方について言及することは専門的すぎる嫌いがある。他方、講義等については大学教授の先生等のそれと本質的に異なるところはないと思われる。

そこで、本章では各種事件を取り扱うにあたって前提となる依頼者等からの「聞き取り」に焦点を当てて進めていきたいと思う。事件の依頼者等からの聞き取りは、訴訟追行に向けた準備活動の要諦をなすものであるが、各種交渉事件においては依頼者からの聞き取りだけでなく、こちら側の主張を伝える際に、まずは相手方の主張に耳を傾けるという相手方からの聞き取り過程を含むものでもあり、まさに我々の業務の基盤と言えるもので、弁護士としてのコミュニケーションのあり方を考える上で格好の題材であると言えるからである。

このテーマを論じるにあたっては、まず最初に聞き取り全般で意識すべき事柄について述べ、その後、これらを踏まえて聞き取りの先にあるコミュニケーションのあり方の視点について考えていきたいと思う。

1　聞き取り全般についての9つのポイント

(1) 時系列を意識

聞き取った内容をまとめていくにあたって、それぞれの事柄の時的な前後関係、すなわち「時系列」を意識することはとても大事なことであると考えられる。

しかし、時系列を意識するといっても依頼者等からの聞き取りにあたって、時系列に沿って話をしてもらう必要はない。むしろ、聞き取った内容をいかに時系列に沿ってまとめあげていくかが弁護士側の腕の見せ所だと考えられる。

聞き取られる側である依頼者として、話しやすい物事の順番というものがある。そして時系列に沿って話を進めていくのは意外と難しいこと。なぜなら、そもそも複雑に事実が積み重なっている一連の事柄について、どこから話始めていけば聞く側にわかりやすいのか一目瞭然ということはないからである。

まずは相談者の話しやすいところから話してもらいながら、話が行きつ戻りつする中で徐々に時系列にまとめ上げていく手際の良さが求められる。

(2) テンポ良くお話ししていただく

当然のことながら聞き取りは一人でできるものではなく、相談する者と相談を聞く者との共同作業。聞き取る側はいいところで「合いの手」を入れるなどして、相談する人が少しでも話しやすいような雰囲気作りを心がけなければいけない。今の時代、一般の方が法律事務所に相談に行く機会も増えてきたと思うが、それでも初対面となる弁護士に深刻な相談をすること自体、緊張するもの。

いい合いの手を入れれば自ずと話にもテンポが生まれ、聞いている方も集中力が切れずに聞くことができる。また、多少の雑談も双方が打ち解けるのに有用な場合も多いと考えられる。雑談はその人の人となりを知るためにとても大切なもの。それに一見、雑談のようであっても意外にそこから思ってもみない有用な情報が出てくることもよくあることだと思われる。

しかし、いくらテンポよくといっても、話に熱が入り話の矛先が変わってきたなら適宜、軌道修正をしないといけない。相談時間は限られている。また、一般の方は話をすることに慣れておらず、集中力の点も気になる。この辺りの呼吸が難しいところだと考えられる。

いずれにしてもいい聞き取りには、いい合いの手が必要。聞き取りだからと言って受け身な立場に終始するのは考えものだと感じる。

(3) 時点を特定

時系列に沿って整理する際に、それぞれの出来事が起こった「時点」を特定する意識も大切。よくあることですが、法律的にはこのズレが重要になる場合がある。

たとえば、不法行為に基づく損害賠償請求について、被害者またはその法定代理人が、損害および加害者を知ったときから3年で時効にかかる（民法724条）。通常であれば損害があった時から時効にかかる期間は進行するものが、後から加害者がだれであるかを知ることもあると思われる。そのような場合は、被害者が加害者がだれであるかを知った時点が重要になる。

また、実際の紛争では問題の核心となる事柄をだれがいつの時期に知ったのか、という時間的なズレが感情的な対立の根源となっていることも少なくない。

たとえば、売主から事情をよく聞かないままに隣地を購入した買主が、しばらくしてから家を建てようとした際に土地の境界線に関するトラブルになった場合等。明確な境界線がないまま長い時間が経っている場合、それぞれの土地を画する境界線について隣地所有者同士で認識の違いが生じてしまっていることは、ままあること。もちろん最終的に裁判所の判断が必要なこともあるが、買主としては隣地を購入した時点で隣地の所有者ときちんと話をしておけば、このような紛争は避けられたかもしれない。このような事情は、当然、いずれ来る和解交渉の際に重要な事情となる。

(4) 根拠を意識

聞き取りの際に、時に意見・評価にわたる部分の話をすることがあると思う。たとえば、相談内容である紛争に関係する者の性格などについて述べる場合などである。

ありのままの事実と意見・評価にわたる部分との峻別については、厳密に考えていくと難しいものがあると考えられ、一般的にもあまり区別せずに考えることが多いところでもある。

具体的には、ある人物の性格が「頑固」かどうかという点について、「頑固」と評価できる性格かどうかという切り口で言えば、基本的に意見・評価にわたる事柄と捉えることができる。なぜなら、この点は見る人によって見解が異なることであるから、それはそう評価する人の個人的な意見・評価といえるからだと考えられる。

他方、そのある人物について周りの人から「頑固」という評判が成立しているかどうかという切り口であれば、もし周りの人の多数が「頑固」と評価しているのであれば、ある程度事実として捉えてもよいと思われる。周りの人の範囲をどう解するかにもよるが、いずれにしてもみんなに聞いて回れば分かることであり、聞いて回る人によって話が違ってくることも基本的にはないことである。すなわち言い方を代えれば、この場合のようにある人物の評価について周りの人からの評判として成立しているかどうかは、一般的に言って人によってそれほど見解が異なることにはならない事柄ということである。

なお、この点で注意しなければならないのは、いずれの場合も実際にそのある人物が「頑固」かどうかについては、そう判断して良いかという評価がワンクッション入るという点である。これは裁判においては最終的には裁判官の心証評価により判断される。そして、一般的に言えば、ある一人の人の意見・評価が至極真っ当なものであったとしても、周りの人から「頑固」という評判が成立しているという事実を適示する方が「頑固」であるという認定を得やすいこと。

この2つの場合について誤解を恐れずわかりやすく言えば、要は「頑固」と評価できる根拠となる事実がどれほど確からしいか？　という視点で一応、区別することができると整理できると思われる。

一般の方にはわかりにくいと思われるが、法律的に見て事実と意見・評価は、理念的に峻別されている。事実の存否は基本的に客観的に明らかになるものであり、意見・評価は明らかとなった事実を元に裁判官が判断・斟酌するものと整理されている。しかし、現実はこれら2つの事柄を厳密に区別するのは難しいことである。

そこで聞き取りにあたっては、意見・評価の話なのか、事実の問題として取り扱うべき話なのかの切り分けについて注意深くなる必要がある。少なくとも聞き取りの際には、なぜそう思ったのか、なぜそう言えるのか、について、弁護士の側で根拠を意識して聞く必要がある。

(5) 気持ちに寄り添う・感情を意識

聞き取りの際に、話をしていただいている方の気持ちに寄り添う意識も重要である。

弁護士としては、これら聞き取った話を元にして、たとえば慰謝料が取れるかどうかなど、最終的に法的な効果が発生しているかどうかが1番の関心事となるが、話をしている人にとってみては、それだけが弁護士に話をしている目的とは限らない。また結局のところ、じっくりと話を聞いてはみたが、依頼者が望むような法的結論にならないこともよくある。いずれにしても法的な結論を述べておしまい、と言うことではないのだ、ということをよく意識して聞かなければいけないと言うことである。

他方、気持ちに寄り添うあまり迎合的な態度になってもいけない。たとえ相談者にとって厳しい結論であっても聞き取りの結果、そのような結論になることが予想される場合はきちんとその旨を話さなければならない。特に弁護士の聞き取りは法律相談としてお金を頂くこと前提で行うことが大半。したがって、結論はできる限り早くお伝えすることが第一である。

また相談者の気持ちに寄り添おうとするあまり、曖昧で楽観的な見通しを述べることはそもそも専門家として良いことではなく、そこまでではなくても結論を述べるのに時間をかけ過ぎてしまうこともできれば避けたいところだと考えられる。

また感情という点に着目して言えば、話に出てくる人物の感情を意識しながら聞くことも重要である。人間は感情の生き物であるとよく言われる。基本的に話の登場人物は皆、合理的な判断をしているものとして話を聞いていけばよいと思うが、人間は実際には必ずしも合理的な判断の元に行動をしていないものである。話の中で不自然な流れを感じるようであれば、その都度その旨を指摘して掘り下げて聞いていくべきだと感じている。合理的な行動か？　という視点と同じくらい感情的に自然な行動か？　という視点を持って話を聞くことも重要であると言える。

⑹　公平な視点で

弁護士の聞き取りは依頼者からの話がその中心であり、中立的な第三者に話を聞くことは通常あまりない。またいくら探してもそのような第三者の方がいないこともよくある。紛争が起こる際には、だれもその利害関係の輪から逃れることはできないからである。

依頼者は紛争との関係で言えば一方当事者であるので、当然、公平な視点でお話をしてくるわけではありませんし裁判官もそう見ている。そこで、相手の肩をもつ必要まではないが依頼者の立場を尊重するからこそ、話を聞く際には公平な視点が必要である。

ただし、公平な視点について注意点が1つある。

あくまでも弁護士は一方当事者の代理人であり裁判官ではない。弁護士もまた利害関係の輪から逃れることはできない。そして紛争となっている事柄に対し公平な視点をもつというのは、要するに相手方からの視点も考慮するということであり、そのような立場で弁護士が接することは相談者の感情的な面で問題が生じる恐れがあるということ。そこで、まず公平な視点から紛争となっている事柄を捉え直してみることが相談者にとってもメリットがあることを理解してもらうことが重要となる。

さらに、先に言ったように弁護士は裁判官ではないので公平な視点で、と言っても公平な立場からの結論を出して終わりということにならない。そのような結論を想定した上で、依頼者の意向を実現していくために何が必要なのかについても考えを巡らさなければならない。

要は相談者のことを考えるのであれば相談者の主張に無自覚に乗っかっていくのではなく、その主張を批判的に捉えながら補強していくべき点について思いを巡らすべきなのである。弁護士は所詮は代理人なのだから、ということで、たとえ不利な事柄であろうが代理人の立場に徹して依頼者が主張したいことをそのまま主張すべき、と考える人もいるが、それは訴訟において自分自身の立場を不利にしかねない極端な考え方であることを理解してもらう必要がある。

このような意味で、聞き取りの際に公平な視点をもつというのは大切なことである。

(7) 相手方の主張をじっくりと聞く

相手方との交渉の場面において、その主張をじっくりと聞くことは極めて大切なこと。

当然だが、弁護士が出てくる場面というのは、相手方が依頼者の考えている主張と異なる考えを持っており、その主張が先鋭的に対立しているということ、すなわち、法的な意味での対立構造だけでなく感情的な対立が生じているということである。相手方との交渉においては、この相手方の感情と直接向き合わなければならないという問題があるのが最大の特徴となる。裁判所の手続上であれば書面を通じて相手方の感情と向き合うことになるが、交渉の場合は直接、相手方に会って話をするわけですから当然と言えば当然だと感じる。

人間は通常、理屈だけで物事を判断することはないから、交渉にあたってはまず先に相手方が紛争のどの部分について不満を持っているのか、その感情的な部分の特定が必要。したがって、最初からいきなりこちらの主張を大展開することは慎んだ方がいいと考えられる。

また、依頼者の立場と自分の立場とを区別して話をすることも大切である。

交渉事件の場合は中立の判断者である裁判官はいない。また話をする場は法廷ではない。そもそも当事者同士で話がつかない事柄について話をするので、依頼者の主張をそのまま伝えたところで話が前に進むはずはない。

したがって、交渉事件の際、弁護士は一方当事者の代理人という立場ではあるが、依頼者からの話を聞いた上で相手方の話も聞きに来ているという、ある面で中立的な立場の者であるという独自性を強調して相手方に接することが必要である。

相手方の主張を聞いてみると、ある部分では納得できるところがあるかもしれない。いきなり依頼者の主張を通そうとするのではなく虚心坦懐に相手の話を聞き、持ち帰るべきところは持ち帰って検討するという姿勢があれば平和的に話を進められるし、話を聞いた結果、紛争の主な争点が感情的なところにあるということであれば、それこそ仲介を本質とする交渉事件として解決すべき事件ということで話を進めていくことができる。

(8) 時間をかけること

時間そのものも聞き取りの中の大切な要素である。先に法的結論は早く述べるべきと述べたが、実は、私は聞き取り全体として時間をかけることに悪い要素はないと言ってもいいくらいに考えている。

そもそもなぜ聞き取りをするのかと言えば紛争を解決するため。そして紛争が解決したというのは、理想的に言えば紛争当事者双方がある一定の結論を受け入れた状態であると言える。それではその時、法律はどういう作用をするのかと言えば、ある一定の結論を出すというところで主に働くものである。したがって、紛争当事者双方がその結論を受け入れるためのステップは別に存在するものだと言える。

もちろん、法律は世の常識・規範に照らして妥当なものであるからこそ法律と言えるので、裁判所による審理の結果、法律に照らして一定の結論を得た場合、そのこと自体受け入れやすいものであることが多いと考えられる。しかし、判決の場合、上訴するかどうかについて考える必要が出てくるし、実務的には1審において和解で終わることも多く、この場合はまさに和解案を受け入れるかどうかの判断に迫られる。

紛争当事者はロボットではなく感情のある人間である。

判決なり和解なり、一定の結論を受け入れるためには往々にして感情的な問題を乗り越えなければならない。そこで、普段の打ち合わせや聞き取りの段階から時間をかけて感情的な面をフォローしていく意義を見出すことができる。すなわち、単なる勝ち負けの問題だけでなく紛争に対し感情的にどう折り合いをつけていくか、についても話をしていかないといけない。

判決・和解の内容について、訴訟追行の中で少しでも有利なものにしていくという点は法律専門職としての代理人たる弁護士本来の腕の見せ所ではあるが、感情的な部分のフォローもそれと同じくらいの比重があるのではないかと最近考えている。

そして、そのためには時間をかけてじっくりと話を聞き取ることがまず何よりも大事なことであると考えている。

(9) 将来の和解も意識すること

初めて訴訟を経験するという依頼者に、「訴訟って、実務的には判決で終わることより和解で終わることが多いんですよ。」というと驚かれる方が結構いる。

世間の弁護士像は、テレビのワイドショーのコメンテーターとして話題の出来事についてコメントをしているというイメージか、若い人であればテレビゲームで「異議あり！」と法廷で気持ちよく流れを逆転させるイメージなのではないかと思う。いずれにしても歯切れ良く言葉を紡ぎ、相手を一刀両断したり叩きのめしたり、というスカッとするイメージなのではないだろうか。

しかし、我々の仕事は実際のところは、地道に聞き取りをしたことを書面にわかりやすく落とし込んだり判例や学説等を調べて法律の条文解釈をしたり、という地味な作業が大半。思うに、このような世間のイメージと実際の仕事との乖離から考えて、この20年くらいで法曹人口はかなり増えはしましたが、まだまだ弁護士という仕事は皆様にとって身近な職業になっているとは言えないように感じる。

とにかく、実務的には裁判は和解で終わることが多いので原告・被告のどちら側でも、いずれくる裁判官からの和解勧試を見据えた訴訟追行は欠かせないところになる。すなわち、事件の「落とし所」について、依頼者と常に意識を共有する必要がある。感情面だけでなく、現実的にメリットのある受け入れ可能な妥協点を常に探る必要がある。

事前に何の擦り合わせもしないままに裁判官から和解を勧められ、急に弁護士も和解の話をしてくる、という感じになれば、依頼者はきっと混乱することになる。他方、和解もありそうな事件内容なのにひたすら攻撃的な書面を出し続けていたら、相手方もとても和解する気にならないと思う。

どうすれば上手く和解するのか？　という点は弁護士としての本質的な技術論であり論じることも多岐にわたるため、ここで詳細を検討することはとてもできないが、少なくともコミュニケーションのあり方の観点から言っても、依頼者および相手方に対し、将来あり得る和解を見据えた対応を心がける意識は必要なことだろうと言える。

おわりに――複眼的思考をもつ――

以上に述べた通り、弁護士としてのコミュニケーションのあり方を考える際には、依頼者と相手方という紛争を通じて相反する2つの立場を両立させながら並行して考えていく、アプローチしていく、というのが大事な意識であると言える。また、依頼者の立場の中でも感情面と現実的な妥協点という、ある意味対立する2つの視点がある。

コミュニケーション論そのものとは少し離れますが法律解釈も同じような話で、解釈が分かれる論点には当然のことながら相対する2つの学説があるものである。そして、そのどちらにも傾聴する部分が存在し、そのどちらか一方の立場に立つ場合、他方の考え方に寄り添う意識が常に必要となる。なぜなら、法解釈が分かれるということは、相対する利益がその背景に対立しているがゆえのことであり、事案の解決にあたっては、その双方の利益の調和を図る法律解釈を追求することこそが必要なことであると考えられている。

そして、依頼者からの事実の聞き取りの際にも相手方との交渉の際にも、常に今そこにあるそれぞれの主張を受け入れつつ、他方、しっかりとそれと対立する主張も意識しなければならない。このように弁護士がとるべきコミュニケーションのあり方はかなり複雑なものとなる。

司法の公正さを表すユースティティア（テミス）の像がもつ天秤には、対立する事柄を公平に判断することが正義であるという意味が込められている。まさに相反する2つの要素を両立させながら並行して考えていくことが紛争の解決にあたって必要であるとの人類の長年の知恵を具体化したものではないか。

弁護士のコミュニケーションのあり方として、相対する利益をそれぞれ意識しながら紛争となっている事柄を見つめる視点が大事ではないかと私は考えている。

第II部

実践編

1 心に触れる

日本キリスト教団丸岡教会牧師　佐藤　徹

日本のクリスチャン人口は1％未満。日本で「牧師」という職業はきっとめずらしい。牧師の仕事は、礼拝、聖書研究会、信徒訪問、面会相談など、多岐に渡る。また、教会にはさまざまな施設が併設されていることも多く、遣わされる教会によっては、それらの働きも担う。

それで私は日頃から、小さな子どもから若者、中高年、90歳を超えた高齢者まで、また、家庭や職場、病、引きこもり、自死遺族などなど、さまざまな背景をもつ人たちとかかわりをもっている。そのような点からすれば、牧師の仕事とは、他者の人生に深く、深くかかわること、と言えるのかもしれない。

教会の扉を叩くのはクリスチャンばかりではない。実にさまざまな人たちが、深刻な悩みを抱えてやってくる。普段から付き合いのある方もいれば、初めて出会う方もいる。よく知っている相手だからといって、その人のすべてが分かっているとは限らない。

私たちはだれ一人として、同じ人間はいない。だから言葉で、動きで、目で、時間の共有で、私たちは少しずつ、相手とつながっていく。そして、相手のことを理解しようとしていく。けれども、だからといって、私たちはだれも「完全に」相手と同じ立場に立つことはできない。繰り返すが、私たちはみな、生きる時代も場所も、歩んできた人生も、一人一人違うのだから。

言葉には、「人」があらわれる。悲しみ、苦しみ、喜び、感謝。言葉にならない思いは、沈黙や、こぼれ落ちる涙となってあらわれる。人と向き合う時、私はいつも、「私には知らないことがたくさんある。知らないことだらけだ。だから、今、この人から教えてもらおう」という気持ちでいる。それは、質問ばかりするのではなく、また傾聴ともちがって、「あなたの人生、あなたの心の叫びを、どうか私に教えてほしい」という姿勢でいることだ。そうして何度も面会を繰り返して、相手が少しずつ語り始めた時、私はやっと、目の前の相手の心に初めて触れることができるのである。

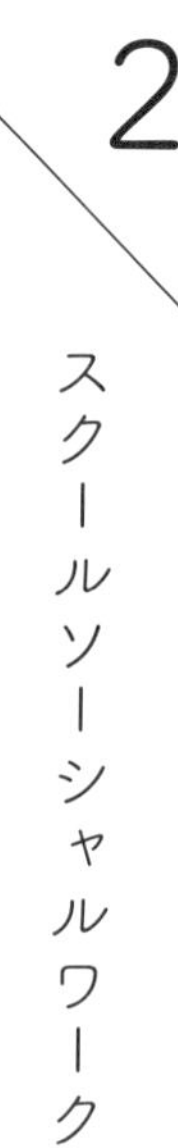

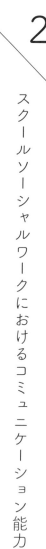

2 スクールソーシャルワークにおけるコミュニケーション能力

政令指定都市スクールソーシャルワーカー　大塚恵子

はじめに、スクールソーシャルワーカー（以下、ＳＳＷ）の活動は、児童生徒の生活に密着した地域に存在する学校との関係性が深い。ＳＳＷは、児童生徒の最善の利益を保障するため、ソーシャルワークの価値、知識、技術を基盤とする福祉の専門性を有する者として学校などにおいてソーシャルワークを行う専門職である。

次に、スクールソーシャルワークとは、不登校、いじめや暴力行為など問題行動、子どもの貧困、児童虐待などの課題を抱える児童生徒の修学支援、健全育成、自己実現を図るため、スクールソーシャル理論に基づき、児童生徒のニーズを把握し、支援を展開することを指す。

また、ＳＳＷは、社会資源の協働体制を構築する役割があるため、学校文化と教育経営のあり方や教員の役割をＳＳＷが理解しなければ、協働体制づくりや相互理解は望めない。つまり、ＳＳＷの役割として、子どもの最善の利益のために学校レベルでは教員の専門性を尊重した上で協働を図ることが求められ、必要不可欠であるのが他者とのコミュニケーションといえる。たとえば、児童生徒、保護者、教職員、地域住民、行政職員、他機関職員、所属機関職員（指導主事、スーパーバイザー（以下、ＳＶ）・スクールカウンセラーなど）とＳＳＷは良好な関係性を築かなければならない。

最後に、個人レベルでは、世帯のみならず地域のニーズを把握するアセスメント能力と多職種連携へのコーディネート力、そしてマネジメント力が必要である。一方、緊急支援を要する事案には、即応性を要するが、決してひとりでは抱え込まず、ＳＶなどに相談したうえで、支援の方向性を検討することが求められる。さらに、多職種との協力と連携には、普段からの関係作りが必要であるといえる。情報共有や連絡を継続的に行い、事後のフォローアップも欠かせない。これらの基盤にあるのは、コミュニケーション能力に他ならない。

3 コミュニケーションの図り方――社会福祉士の視点から――

社会福祉法人　越前自立支援協会
児童養護施設　一陽
人材育成室長　霜　大輝

「社会福祉士の行動規範」によると、「Ⅰ　クライエントに対する倫理責任」「Ⅱ　クライエントの利益の最優先」「Ⅲ受容」において社会福祉士はクライエントとの専門的援助関係をもっとも大切にし、それを自己の利益のために利用してはならない・業務の遂行に際して、クライエントの意思を尊重し、その利益の最優先を基本にしなければならない・クライエントに対する先入観や偏見を排し、クライエントをあるがままに受容しなければならないと記されている。

私自身、児童養護施設での仕事をしている中で、ソーシャルワーカー（以下、ＳＷｒ）とクライエントの立場で日々支援を行っているが、しばしばＳＷｒとクライエントの関係に疑義を抱くことがある。対等な協力関係の基で適切な支援を行うことができているのか、クライエントの利益を最優先にした支援が行えているのか、ＳＷｒ自身の先入観や偏見をもって支援を行っていないかなどである。福祉の現場で働くものとして〝思い〟をもつことは欠かせない。しかし、その〝思い〟が自分自身で適切な処理ができなくなると間違いや一方的な〝思い〟に変換され、それが関係性の中に表出してしまう。

その点を念頭に置き、適宜自分の支援を振り返る上で日々のコミュニケーションは欠かせない。クライエントとのコミュニケーションのとり方がクライエントに寄り添った目線で展開されているかを確認していかなければならない。また同僚との関係性においても、お互いに指摘し補完し合えるためのコミュニケーションがとれているかを確認していきたい。余裕がなくなるとどうしてもクライエントや同僚とのコミュニケーションの図り方に角が立ってくる。さまざまな場面でストレスがかかるのがこの仕事であり避けては通れない。現在の自分の精神状態を知る上でも自身の他者とのコミュニケーションを振り返ることは大切な時間となる。コミュニケーションを通して自分を知り、適切なコミュニケーションにつなげていけるよう、努めていきたい。

4

「心躍る」音楽によるコミュニケーション

ピアニスト　阪本康生

私はクラシック音楽を中心にリサイタル、オーケストラとの協演、日本一周、世界一周ほか国内外クルーズでのコンサート出演など演奏を重ねてきた。また、「生の音楽をもっと身近に」をコンセプトに学校公演や地域でのアウトリーチ活動も行っている。音楽を通して心がふれあい、通じ合う瞬間に演奏者として何よりの幸せを実感している。

音楽的なコミュニケーションを図る上で、演奏曲のプログラム構成はその要の1つである。私が選曲する際はテーマを設定し、関連性のある作品で組み立て、多くの人に耳なじんだ楽曲も加える。そして、可能な場合は本番のステージの要所で自ら曲目解説をしている。それは私が演奏曲と聴衆との関係を、人と人との「出会い」のように感じるからだ。初対面の人や親しくない人が多い場でも、気心の知れた人や共通の友人、仲介者の存在により、安心感、親近感を覚える。心が柔らかくほぐれて新たな出会いに興味が湧き、イマジネーションが触発され、フレッシュな刺激や発見が喜びにつながっていく。また、愛着のある楽曲は各人がそれに出会った頃に思いを馳せ、感慨にふけったり、活力が湧いたり、心や身体が活性化する効果もあるようだ。アンケート用紙、手紙、SNSなどで言語化されたこれらの感想をはじめ、客席から自然に醸し出される空気感や演奏に対する拍手など、聴き手の自己表現は豊かなコミュニケーションを生み出す。

演奏者は作曲家が作品に込めた思いを読譜し、楽想を創造するテンポ感、強弱法、音色の変化、アーティキュレーション（音のつなぎ方や切り方）などさまざまな技法を駆使し、心を込めて表現する。演奏者の個性も反映された生きた音楽を聴衆が体感し、さらに多様な感性の中で共感、感動が生まれる。これこそ音楽の真骨頂だと思う。すなわち、楽曲がその誕生から時空を超え、演奏会場で共有した人々によって自由に交流するとき、最大の魅力を放つのだ。今後も心躍る音楽コミュニケーションをめざしたい。

5　放課後児童支援員としてのコミュニケーション

放課後児童支援員　中道弘美

学童クラブは、放課後・学校からランドセルを担いだまま来所した子どもたちを「おかえり」「ただいま」で迎え入れ、保護者の方がお迎えにくるまでの預かりの施設です。

その時間、私たちは子どもたちの安全を守ったり一緒に遊んだり、楽しい行事を企画したりして対応しています。できるだけ子どもたちにとって居心地のいい場所になるようにと心がけています。

来所してきた子どもたちに、大きな声で挨拶をしてスタートです。その時に子どもたちの変化（調子）を見ます。帰ってきたときの挨拶の声の大きさ・表情・動きや片づけの動作をしっかり見ます。その内容の流れがいつもと違ったり乱暴な時には、静かにその子の傍に寄り添い、見守りをしてクールダウンに心がけます。何も聞かずに傍にいて自らの発信（声）を待ち、発した内容に合わせて「どうしたの」「大丈夫」と声かけをします。話し出した時には、最後まで聴き、子どもたちの今の思いを受け入れます。できるだけ子どもにとって母親・お姉さんのように寄り添いたいと思っています。この「間」を大切にしています。

そのために、話したい・聞いてと思われる先生になることに心がけています。クラブでは、素のままの子どもたちと、いっぱい話し・笑い・喜怒哀楽を共有することでお互いの間を縮めたいと思っています。

基本の仕事内容は「見守り」ですが、子どもたちの身体の安全そして心の安全＝心の叫びを見守り寄り添うことが私たちの仕事だと思っています。

まず子どもたちが帰ってきたら大きな声で「おかえりなさい」で、はじまります。

6 公民館で培うコミュニケーション

福井県越前市王子保公民館主事　平野祐子

公民館主事になって15年が過ぎ、中堅ぐらいにはなってきたのだろうか。その中で感じた「公民館」の役割は「自分づくり」だと思う。この「自分づくり」に、人とのコミュニケーションは必要不可欠だと思う。しかし、私は人前で話すことが苦手であった。そもそも公民館は、地域事業が年間を通してあり、子供から高齢者に至るまで、「集う、学ぶ、つなぐ」というお題目のもと運営している。幼少期より、あがり症でコミュニケーションが苦手な私が、人前で話すなんて苦痛でしかなかった。

そうした折、漢字研究家の伊東信夫先生が私の心に火を灯してくれたのである。先生は「昔は〝語り〟があり、じいさん、ばあさんの言う事は、子供らは、よくきいたんべ。年寄りは昔話を〝語る〟事で、子供に道徳や自然崇拝を教える役割を担ってたんべ。そんな場所を公民館に作らんか」と言っておられ、それが強く心に刺さったのである。

小さい頃、祖母が語ってくれた昔話は、今でも続く普遍的なものであった。祖母の語りを伊東先生が漢字をとおして肯定してくれたことで、猛勉強し「おもしろ漢字教室」を公民館で開講した。私の拙い話を、人生の先輩にあたる講座生が優しく聞いてくれる安心感から、不思議と自信がつき、人とのコミュニケーションを怖がらなくなっていった。漢字の普遍性は、講座生の過去とリンクしており、講座生の〝語り〟を聞きだしながら今でも毎月開講している。漢字劇もみんなで作り披露した。ともに学びあう漢字教室のお陰で、人前で話す苦痛はなくなり「聞きだす力、聞く力」が身に付いていった。勇気を振り絞って講座を開設したことで、自然とコミュニケーションが培われたのだと思う。今ではマイクをもったら離さない私であるが、それは公民館で「自分づくり」ができたからではないだろうか。

7　児童館におけるコミュニケーション

大野市児童館元館長　前田廣子

児童館は、子どもの置かれている環境や状況にかかわりなく、だれでも自由に利用できる児童福祉施設です。児童館職員として、コミュニケーションをとる対象者は、職員、来館児童、保護者、教職員、地域住民、各種団体の人など年齢や経験も違い、それぞれに合ったコミュニケーションをとる必要があります。

職員間では、児童館を円滑に運営していくために、指導方針をそれぞれが納得できるように、話しやすい環境を整え信頼関係を構築していくことが重要です。

来館児童に対しては、悩みやストレスを抱えた子、対人関係に課題のある子、一見問題がないように見えても問題がある子がいますが、そのことを口にする子は少ないと感じています。子どもとのかかわりの中で小さな変化に気づくことができますが、無理に聞き出そうとせず子どもの心に寄り添い、一緒に遊び共感したりすることで「いつもそばにいて見守ってくれる人」と安心安全な存在になることが大切です。子どもの話を傾聴して「あなたを大切に思っている」という気持ちで触れ合うことで、信頼関係が生まれ問題解決につながっていくと思います。

保護者に対しては、児童館は子どもを評価するところではないことを心に置き、日ごろの労をねぎらい子どもの良いところをたくさん伝え、いつでも話しやすい雰囲気を作ることが大切です。子どもを送ってきた時に立ち話をすることも多く、話の内容によっては1対1で話すほうが良いか、雑談でよいのかを見極めて、それに合った場を提供できるようにしておきます。

教職員に対しては、児童館の果たす役割や仕事内容を知ってもらうと共に、センターだよりなどを直接持って行くことで、顔の見える関係をつくることができ話やすくなります。お願い事ばかりでなく、学校からの依頼にも快く受けることも大切です。学校との連携が図れることで、子どもへの支援が円滑に行われるようになります。

地域住民に対しては、挨拶を大切にして、地域との協働行事やセンターだよりなどの回覧を区長に依頼することも、地域の児童館理解や子育て力強化に役立ちます。隣接住民とは児童館活動の困りごとや災害体制などに細やかなコミュニケーションが大切です。

各種団体に対しては、積極的にかかわりをもち、児童館活動の協力者になってもらうことで活動の幅を広げることができます。

児童館活動は、さまざまな人とのコミュニケーションがあってこそ、子どもの健全育成ができると思います。これからも、職員のコミュニケーション力を高めることが重要です。

少年鑑別所職員のコミュニケーション力

福井刑務所統括矯正処遇官（前福井少年鑑別所統括専門官）有賀康一

少年鑑別所とは、家庭裁判所の決定によって非行のある少年を収容する施設である。ここでは、日常生活の指導や行動観察、行動科学に基づく分析や処遇指針の作成などを行う。少年の非行や資質、環境などを総合的に判断して、将来、再非行に至らない適切な処遇は何かを検討している。

たとえば、A君は非行は認めているものの、少年鑑別所の入所が気に入らず、いらいらを高じさせて物に当たったり、職員の指導を素直に聞かなかったりしていた。ある時、自分の居室の書棚を壊し、平然としていた。こういう場合、職員は、規則に違反した少年を強く怒ったりするよりも、落ち着いて相手の問題点を説明しながら叱り、規則を守る事の大切さを説く。時に、心情を乱して身勝手で不遜な態度をとるなどさまざまな感情をもって接してきても、あくまで相手を尊重して冷静に対処する。冷静さは、こうした少年に対しても相手に関心をもち、彼の課題を何とかしたいという気持ちから生じるものである。

また、面接室で少年と向き合い、動作や表情、口調といった微妙な変化をとらえながら、非行を含めた本人にまつわる事柄を聞く。それは少年の主観的事実であるが、その中から本人の問題点を見出す。虚偽であったり語ることに頑なであったりしても、少年が本当の気持ちを語れるように、言葉をかけて話しやすい雰囲気をつくり焦らずじっくりと待つことが肝要である。

A君に対して関心をもち、その言動を頭から否定することなく本人の言葉に耳を傾け、改善の方向付けをすることで、A君も落ち着いて自分の失敗を振り返ることができるようになった。大人と子どもという関係、処遇をする者とされる者という関係ではあるが、相手を尊重して対等な立場に立って少年の気持ちを重視して接することが少年鑑別所職員のコミュニケーションのあり方ということになるかと思う。

9 相談支援のコミュニケーション

NPO法人親子関係支援センターやまりす　敷田万里子

私は長い間、児童相談所の児童福祉司という仕事をしていた。虐待などから子どもを保護し家庭から分離して施設などへ入所させる権限をもった機関なので、子どもの権利を守るために、時に子どもの保護者と対立関係になることがあった。ただ、対立しながらも保護者の抱える過去から現在までのしんどさや、生き抜いてきた環境の一部を想像すれば、「子どもに帰ってきてほしい」と願う保護者に対して十分な支援がない中で、反省や指導、約束の後に彼らがしばしば子育てに行き詰ってしまうのも当然の結果と感じていた。

また、保護された子どもたちが、親と一緒に暮らしたいと思っていても、なかなか実現しないこと、実現しない理由について十分な説明や先の見通しももてないまま生活していること、親子の交流も親任せになっていることや、子どもたちが社会に出た時、親になっていく時に大きな困難を抱えていくことをずっと感じてきた。

このことから、子どもとその親に対して、本人の意向をよく聞き、どんなふうになりたいかを確認し、そのためにはどのような課題があるか、どのような解決方法が考えられるか、目標までの道のりを示して、そしてその歩みに寄り添い、進んだことを喜び、間違った時は一緒に目標の立て直しや方法の変更を考えることが必要な支援だと思った。そしてその過程において、その人にとってわかりやすい言葉や手段を選択して、その人に伝えることが大事である。〝その人の道のりにおいてわかりやすく伝える〟それが相談支援という仕事のコミュニケーションに必要なことではないかと思う。

法的権限を行使した後に続く、そんな支援をもっと実践したくて、現在は、子どもと保護者の関係を支援することと、保護者の支援が十分得られない子どもの自立を支援することを目的としたNPO法人を志が同じ仲間とともに設立し活動している。これから出会う親子とは、道のりとそこでのコミュニケーションを大事にしていきたい。

人間関係を円滑にするコミュニケーション術

児童厚生1級指導員・保育士　川口由理子

私は、子どもの健全育成に携わる仕事に就き約30年となる。母として22年、人として約50年……その中で、私が普段心掛けている「コミュニケーションをとるための3つの大切なこと」について述べていきたい。

1つめは、〝挨拶はこちらから相手の顔を見て行うこと〟である。これは、コミュニケーションの最初の一歩である。たとえば「おはようございます」と挨拶した時の相手のリアクションで、相手の心の状態を察知する。元気に笑顔で「おはよう」と返ってきた時と沈んだ小さな声で返って来たときとでは対応が違ってくる。言葉のキャッチボールをしながら、コミュニケーションをとることでその日の相手との距離感・温度差などを把握し、情報を共有することで、その後の行動が円滑に進めることができる。

2つめは、〝相手の思いを知ろうとする気持ちで受け入れる状態でいること〟である。「あのね……」と相手からアクションがあった時は、何はともあれ話を聴くことである。「聴く」ことに徹し、最後まで話を聴き、話の腰は折らない。話す内容をそのまま繰り返したり、時には要約し、相槌やうなずきを積極的に行い、相手に寄り添う気持ちで接することが大切である。そうすることで相手と信頼関係が築け、コミュニケーションがとりやすくなる。多少の行き違いがあったとしても、何度かアクションすることにより、リカバリーすることもできるようになる。

3つめは、〝相手に思いを伝えるときは、相手の目線に立って思いやる心を忘れず、分かりやすい言葉で短めに伝えるということ〟である。これは、一番難しく繰り返し身につけて行かなければならない。これは私の課題でもある。

そして最後に、この3つのことに共通して大切に思っていることは、〝笑顔〟である。どんな時も笑顔を忘れず、心の器を少し大きくして心の底からの笑顔で接し、コミュニケーションをとっていきたい。

11 服装、笑顔、時にはハプニングも味方につけて

公益財団法人ふくい女性財団　東野香里

今日の〝服装〟、気にしていますか？　対人関係やドスメティック・バイオレンス（以下、ＤＶ）など、女性からのさまざまな悩みをお聴きする女性総合相談員になったとき、私の一番の変化は、服装だった。それまでのジャケットからカーディガンになり、パンツからスカートに、黒から色物を加えるようになっていった。シャープさではなく、優しさや落ち着きを意識するようになった。カーディガンにすると、肩の力が程よく抜けた。服装によって人に与える印象は変わるが、なんといっても自分自身の気持ちが変わる。服装で気持ちは変わるし、気持ちで服装も変わると思っている。場面によって、服装をうまく使いたい。

そして、私の座右の銘は「笑う門には福来る」。笑顔でいれば、福はやってくる、良い方向に向かうと信じている。私のコミュニケーションの基本を問われれば、それはやっぱり〝笑顔〟。まずは口角あげて、穏やかな微笑みを心掛けたい（プライベートでは馬鹿笑いすることが大好き）。以前、同僚から「忙しいはずなのに、いつも笑顔ですよね。余裕を感じます」と言われた（現実は、余裕なくて追い込まれているけれど……）。これは私にとって最高の誉め言葉だった。自分自身が安定していることは、よりよいコミュニケーションの大事な要素のひとつと思っている。安定しているためにも、笑うことは大事にしたい。

最後に、コミュニケーションには〝突発事故〟も有効だと実感したことがある。ずいぶん前になるが、中学生だった息子が学校をさぼったので、学校から呼び出された。眼下に日本海を臨む場所で、コンビニで買ったパンを食べながら、重苦しい雰囲気の私と息子。いきなり、ドンという音とともに頭を抱えた息子。犯人は、トンビ！　油揚げじゃなかったけれど、トンビにさらわれた。痛がる息子をしり目に、私は大爆笑！　そのあとは、肩の力が抜けて、息子といい話ができた。

12 「遊び」とコミュニケーションの相互性

越前市社会福祉協議会王子保児童センター　大津奈々

今から約10年前、４人の子育てをしながら、特別支援学校の支援員として子どもたちにかかわったことが、子どもたちに魅了され、私の専門職としての始まりである。

●子どもを知るための「遊び」

ダウン症、発達障害、知的障害などさまざまな障害のある子どもがいるなか、「場」「もの」「時間」を共有することは、子どもの懐に入る第一歩を踏むことにつながる。それは、「遊び」であり、子どもにとってコミュニケーションツールの1つであるといえる。子どもと同じ目線で楽しみ、同じ目線で生活をすることは、お互いを知ることであり、子どもにとっての安心や信頼獲得の手段となりうる。また、支援者が成長を見通した「遊び」を展開していくことは、子どもの世界が広がり社会性が構築されていくことにもつながる。

たとえば、重症心身障害児と呼ばれる医療的ケア児は、ボール遊びの際、「遊び」の中に、たくさんの声掛けやそれぞれの部位に触れることで、声をあげ、体を大きく動かし反応する。支援者は、ささいな目の動き、声の大きさ、手足の動きなどを観察しながら、「遊び」の積み重ねを行うことで、その子なりの表現方法や喜怒哀楽を理解でき、次の発達への道しるべとすることができる。

●集団生活の中での「遊び」

保育士の資格を取得したことで、子ども園の保育士として子どもにかかわった。どのクラスにも気がかりな子はいて、集団生活には馴染めず時折感情を爆発させる姿が見られる。ルールを覚えるにも、順序を理解するにも大変で、過敏な子に関しては、少しの違いでもパニックとなっている。冷静さを欠くことは、だれにとっても恐怖なものであり、常に支援者は、子どもの行動を予測することが必要となる。これには、「方法」と「環境」が重要である。「方法」には「遊び」が有効で、発達課題に応じた「環境」を用意することで可能となる。つまり、単純なルールに変える、小集団から始めるなど状況に応じた「遊び」、特性を利用した「遊び」は、子どもの負荷を軽減することにつながり、生活の中での「遊び」を利用することで集団生活への適応が可能になる。

●人間関係と「遊び」

保育教諭となってからは、障害のある子どもに対する支援者の専門性を高めることが保育の質を高めることだと思い、福祉専攻科のある大学院への進学を決めた。現在、私は、児童にかかわる仕事をしている。児童と呼ばれるように、年齢とともに、言葉巧みに自分を表現し、友だち同士で「遊び」を展開している。この子たちにとって言葉は最も重要なもので「言った、言ってない」で時に関係性が壊れてしまうこともあり、コミュニケーションで子どもたちが悩みを抱えていることも現状だ。また、大人に対し話す言葉が本音とは限らず、惑わされることもあるが、この児童の遊びの様子を見ていると、年齢に限らずその子自身の本質の部分が見えてくる。成長及び発達には個人差があるように、「遊び方」も十人十色であることから、その子にあった「遊び方」が重要となる。さらに、「目的」に応じて展開し、他者との関係性に視点をおくこと、多角的に「遊び」を活用し、経験の積み重ねを行うことは、子どもにとっての他者受容であり、同時に共生社会への実現に向けて行うべき私たち支援者の責務であるといえる。

13 チーム支援の基盤としてのコミュニケーション

福井県嶺南振興局敦賀児童相談所　児童福祉司　松島　愛

現在行政の福祉職として働く中で、人間関係、仕事、病気など、クライエントが抱える複合的な課題に対して、さまざまな関係機関との密な連携を図りながら多角的な支援が求められている。クライエントの利益を第一に、各機関の専門性を発揮しながらチーム支援を効果的に機能させていくためには、日頃からの支援者間のコミュニケーションは欠かせない。

各機関の担当者の名前や役割を理解することはもちろんだが、日頃から連絡をとり合う際には電話やメールなどのやりとりだけではなく、なるべく出向いて直接相手の顔を見て話をすることを心がけている。言葉による形式的なやりとりだけではなく、相手の表情や雰囲気、時には雑談などを通して、相手の考え方や人柄をさらに理解できると考える。ただ情報を伝達するだけでなく、相手のことを知ろうとする気持ちが相手にも伝わり、より密な関係構築や情報共有が可能になると考える。

最近は人と直接会う機会を得ることが難しくなってきているが、顔の見える関係によって、お互いに安心と信頼のもと気軽に相談できたり、時機を逃さずに助言し合えたり、チーム支援がより充実したものになる。同じ支援仲間との円滑なコミュニケーションの第一歩として、まずは相手のことを知ることを意識していきたい。

14

コミュニケーションにおける利用者主体の考えの重要さ

社会福祉法人 日の出善隣館　児童養護施設 偕生慈童苑　ケアワーカー　上野晋爾

私の施設では18時の夕食をしっかり食べられないとダメなので、17時以降はおやつを食べないようにするというルールがある。そんな中でのとある子どもとのやりとりだ。これまでに色々とストレスの溜まる出来事があったA君は、17時を過ぎてもお菓子を食べていた。私がそれを注意すると、イライラした様子のA君は椅子をなぎ倒して自室に入っていった。話が途中だったこともあり、私が再度話をしに行こうとしたところ、イライラが再燃し、私に殴りかかって来るということがあった。

私が気をつけるべきだったことは、彼が自室に入ったという行動の意味を考えず、話が終わっていないという理由で再び話をしに行ったことである。もし、彼が自室に入ったタイミングで私が一度時間を空けて話をしに行っていたらどうなっていたのだろう。結果は変わっていたかもしれない。支援者の立場である私が、子どもの行動の意味を考えずに動くことは、子どもの意思を無視するということになる。それはつまり、自分のただの自己満足の支援になっていること。そうならないように気をつけなければならない。

過去に自分の意思を主張できなかった子どもが多くいる児童養護施設、支援をしていく私たちは、どんなことであれ、会話やアイコンタクトなど相手と直接コミュニケーションをとったり、時には距離を置いてあえてかかわらないという間接的なコミュニケーションを駆使しながら子どもの意思を可能な限り尊重しつつ対応していかなければならない。

子どもの意思を無視したありがた迷惑な支援にならないよう、言語的コミュニケーションや非言語的コミュニケーションを駆使しながら利用者主体の支援を行えるように常に意識をもつことが大切である。

15

相手の心に届くコミュニケーションを求めて

岡山県立大学保健福祉学部准教授　趙　敏廷

いま日本では外国人介護福祉士の方の活躍が珍しいものではなくなりました。受け入れの前はさまざまな危惧の声もありましたが、片言でありながらも一生懸命日本語で利用者に語りかける姿は利用者や職員によい刺激となっているそうです。同じ外国人介護福祉士の一人として大変誇らしく思います。同時に、自分の経験を想起させ、今後介護福祉士に求められるコミュニケーションについて改めて考えさせられます。

私が勤めていた高齢者福祉施設には在日コリアンの利用者が多く入所していました。彼らは認知症が進行すると母語帰りするため、日本で生まれ育った家族と意思疎通が難しくなります。日本語から韓国語に切り替わると、そのうちまた日本語に戻るのですが、その間一言、二言、利用者の韓国語が理解できれば適切な対応ができます。とくに認知症の方は、記憶障害などで不安を感じやすいことから、安心してもらえるためのかかわり方が大切です。施設では日本人と韓国人の介護職員が連携して、利用者とコミュニケーションを図りました。最初は利用者の言葉を日本語に通訳して共有しますが、繰り返し使われる韓国語は日本人の介護職員が覚えて対応できるようになることもありました。少し変ですが、ある在日コリアンの利用者が「おはよう」と挨拶すると日本人の職員は「アンニョンハセヨ」と返したりするわけです。

一方、私は留学生として日本語を学びましたので、職員間のコミュニケーションは困りませんでした。しかし、利用者とのコミュニケーションで方言が理解できないことがありました。職員から意味を教えてもらって使うようになると、利用者から「あんたどこからきたの？」と聞かれなくなり、ぐっと距離が近くなったような気がしました。

「相手が理解できる言語で話しかけた時には、その内容は彼の頭に届く。相手の国の言葉で話しかけた時に、その言葉は彼の心に届く。」ネルソン・マンデラの言葉です。介護を必要とする人も介護の担い手もグローバル化が進んでいますが、介護が利用者との信頼関係や職員間の信頼関係を土台に実現できることはこれからも変わりありません。決して流暢ではなくてもいいです。ただ一言であってもよいのです。これから介護に求められるコミュニケーションは、出身地や言葉、文化の壁を越えて、相手の心の届くことができるコミュニケーションを心がけることが大切だと思います。

《執筆者紹介》（執筆順、＊は編著者）

＊吉弘淳一　奥付参照……第1・2・8・9章
岡田健志　ナレーター，MC，ラジオパーソナリティ……第3章
本郷彰一　カウンセリングえんらいと代表……第4章
谷川和昭　関西福祉大学社会福祉学部教授……第5章
榎本祐子　びわこ学院大学教育福祉学部専任講師……第6章
新川泰弘　関西福祉科学大学教育学部教授……第7章
木村多佳子　福井県立大学看護福祉学部社会福祉学科助教……第10章
竹澤尚美　認定こども園ひばり園長……第11章
山野孝治　NPO法人あったかコミュRみえ代表……第11，13章
安田誠人　大谷大学教育学部教授……第12章
田中宏明　児童デイサービスAAO……第13章
丸山あけみ　神戸リハビリテーション福祉専門学校専任教員……第14章
太田宏史　あじさい法律事務所弁護士……第15章
佐藤　徹　日本キリスト教団丸岡教会牧師……II-1
大塚恵子　政令指定都市スクールソーシャルワーカー……II-2
霜　大輝　社会福祉法人越前自立支援協会児童養護施設一陽人材育成室長……II-3
阪本康生　ピアニスト……II-4
中道弘美　放課後児童支援員……II-5
平野祐子　福井県越前市王子保公民館主事……II-6
前田廣子　大野市児童館元館長……II-7
有賀康一　福井刑務所統括矯正処遇官（前福井少年鑑別所統括専門官）……II-8
敷田万里子　NPO法人親子関係支援センターやまりす……II-9
川口由理子　児童厚生１級指導員・保育士……II-10
東野香里　公益財団法人ふくい女性財団……II-11
大津奈々　越前市社会福祉協議会王子保児童センター……II-12
松島　愛　福井県嶺南振興局敦賀児童相談所児童福祉司……II-13
上野晋爾　社会福祉法人日の出善隣館児童養護施設 偕生慈童苑 ケアワーカー……II-14
趙　敏廷　岡山県立大学保健福祉学部准教授……II-15

《編著者紹介》

吉 弘 淳 一（よしひろ　じゅんいち）

福井県立大学大学院看護福祉学研究科教授

福井県教育委員会小・中学校スクールカウンセラー

福井県鯖江市保育カウンセラー

著書に

『家族会議のススメ―ポジティブシンキングからの子育て家庭教育 Q and A―』晃洋書房, 2020年.

『幸せ・婚活マニュアル』エクシート, 2017年

『子育てにおける子どもとの上手なかかわり方現在を楽しく子どもと親の笑顔に出会うために』晃洋書房, 2015年.

専門家から学ぶコミュニケーション力
――ちょっとしたポイントで心地よいコミュニケーション――

2022年3月30日　初版第1刷発行　　＊定価はカバーに表示してあります

編著者　吉 弘 淳 一©
発行者　萩 原 淳 平
印刷者　出 口 隆 弘

発行所　株式会社　晃 洋 書 房
〒615-0026　京都市右京区西院北矢掛町7番地
電話　075（312）0788番(代)
振替口座　01040-6-32280

装丁　（株）クオリアデザイン事務所　　印刷･製本　㈱エクシート
ISBN978-4-7710-3639-0